神笔马良

洪汛涛　著

图书在版编目（CIP）数据

神笔马良 / 洪汛涛著. — 青岛：青岛出版社，2019.11
（快乐读书吧）
ISBN 978-7-5552-8048-4

Ⅰ. ①神… Ⅱ. ①洪… Ⅲ. ①童话－作品集－中国－当代 Ⅳ. ①I287.7

中国版本图书馆CIP数据核字（2019）第039454号

书　　名　神笔马良
著　　者　洪汛涛
出版发行　青岛出版社
社　　址　青岛市海尔路182号（266061）
本社网址　http://www.qdpub.com
邮购电话　13335059110　0532-68068091
策　　划　马克刚
责任编辑　石坚荣
封面设计　余　微
印　　刷　德富泰（唐山）印务有限公司
出版日期　2019年11月第1版　2020年12月第3版第9次印刷
开　　本　1/32（880 mm × 1230 mm）
印　　张　4
字　　数　50 千
书　　号　ISBN 978-7-5552-8048-4
定　　价　16.80 元

编校印装质量、盗版监督服务电话　4006532017
青岛版图书售后如发现质量问题，请寄回青岛出版社出版印务部调换。电话：0532-68068091
建议陈列类别　少儿

目录 CONTENTS

阅读指导

扫码听书

马良是一个酷爱画画的孩子，可是却没有自己的画笔。有一天他终于拥有了自己的画笔。这是一支神奇的画笔，用它画出的鸟儿会飞，鱼会游。善良的马良用这支画笔帮助穷人画犁耙、耕牛、水车……

可是，天下没有不透风的墙。恶财主知道了，就想逼他给自己画画。马良能否顺利逃出恶财主的魔爪？拿着神笔的马良还会经历什么磨难？结果如何？你从中学到了些什么？一起阅读《神笔马良》的故事，寻找答案吧！

shén bǐ mǎ liáng
神笔马良

tīng rén jia shuō cóng qián yǒu yí gè hái zi míng jiào mǎ
听人家说，从前，有一个孩子名叫马
liáng fù mǔ qin hěn zǎo jiù sǐ le tā kào zì jǐ dǎ chái gē
良。父母亲很早就死了，他靠自己打柴、割
cǎo guò rì zi tā cóng xiǎo xǐ huan huà huà kě shì tā lián yì
草过日子。他从小喜欢画画，可是他连一
zhī bǐ yě méi you wa
支笔也没有哇！

yì tiān tā zǒu guo yí gè xué guǎn mén kǒu kàn jiàn xué
一天，他走过一个学馆门口，看见学
guǎn li de huà shī zhèng zài ná zhe yì zhī bǐ huà huà tā bú
馆里的画师正在拿着一支笔画画。他不
zì jué de zǒu le jìn qù duì huà shī shuō wǒ hěn xiǎng xué huà
自觉地走了进去，对画师说："我很想学画
huà qǐng jiè gěi wǒ yì zhī bǐ kě yǐ ma
画，请借给我一支笔可以吗？"

huà shī dèng le tā yì yǎn yì kǒu tuò mo tǔ zài tā liǎn
画师瞪了他一眼，一口唾沫吐在他脸
shang mà dào pēi qióng hái zi xiǎng ná bǐ hái xiǎng xué
上，骂道："呸！穷孩子想拿笔，还想学
huà huà zuò mèng ba
画画？做梦吧！"

shuō wán jiù jiāng tā niǎn chū mén qu
说完，就将他撵出门去。

mǎ liáng shì gè hěn yǒu zhì qi de hái zi tā xiǎng wèi
马良是个很有志气的孩子，他想：“为
shén me qióng hái zi bù néng ná bǐ lián huà huà yě bù néng xué
什么穷孩子不能拿笔，连画画也不能学
ne wǒ jiù shì yào xué huà huà
呢？我就是要学画画！”

cóng cǐ tā xià jué xīn zì xué huà huà měi tiān yòng xīn
从此，他下决心自学画画，每天用心
kǔ liàn tā dào shān shang dǎ chái shí jiǎn qi yì gēn kū shù
苦练。他到山上打柴时，捡起一根枯树
zhī zài shā dì shàng liàn xí huà fēi niǎo tā dào hé biān gē cǎo
枝，在沙地上练习画飞鸟；他到河边割草
shí yòng cǎo gēn zhàn zhan hé shuǐ zài àn shí shang liàn xí huà yóu
时，用草根蘸蘸河水，在岸石上练习画游
yú wǎn shang huí dào jiā li tā ná yí kuài mù tàn zài yáo
鱼；晚上，回到家里，他拿一块木炭，在窑
dòng de bì shang yòu bǎ bái tiān huà guo de dōng xi yí jiàn yí
洞的壁上，又把白天画过的东西，一件一
jiàn de zài huà yí biàn tā méi you bǐ dàn hái shi jiān chí zì
件地再画一遍。他没有笔，但还是坚持自
xué huà huà
学画画。

yì nián yì nián guò qu le mǎ liáng méi you yì tiān jiàn duàn
一年一年过去了，马良没有一天间断
guo tā jiā yáo dòng de sì bì huà shang dié huà mì mi má
过。他家窑洞的四壁，画上叠画，密密麻
má quán shì huà le dāng rán tā jìn bù de hěn kuài zhēn shì
麻全是画了。当然，他进步得很快，真是

huà chu de niǎo jiù chà bu
画出的鸟就差不
duō huì jiào le huà chu de yú jiù
多会叫了，画出的鱼就
chà bu duō huì yóu le yì huí tā zài cūn kǒu huà le zhī xiǎo mǔ
差不多会游了。一回，他在村口画了只小母
jī cūn kǒu de shàngkōng jiù chéng tiān yǒu lǎo yīng dǎ zhuàn hái yǒu
鸡，村口的上空就成天有老鹰打转。还有
yì huí tā zài hòu shān huà le zhī hēi máo láng xià de niú yáng bù
一回，他在后山画了只黑毛狼，吓得牛羊不
gǎn zài hòu shān chī cǎo le dàn shì mǎ liáng hái méi you yì zhī
敢在后山吃草了。但是，马良还没有一支
bǐ ya tā dōu méi xiǎng guo zì jǐ néng yǒu yì zhī bǐ
笔呀！他都没想过自己能有一支笔。

yí gè wǎn shang mǎ liáng tǎng zài yáo dòng li yīn wei
一个晚上，马良躺在窑洞里，因为
zhěng tiān gàn huór hé xué huà yǐ jīng fēi cháng pí bèi yì
整天干活儿和学画，已经非常疲惫，一
tǎng xia lai jiù mí mí
躺下来，就迷迷
hū hū de shuì zháo le
糊糊地睡着了。

bù zhī shén me shí hou yáo dòng li
不知什么时候，窑洞里
liàng qi wǔ cǎi de guāng máng lái le gè
亮起五彩的光芒，来了个
bái hú xū lǎo rén bǎ yì zhī bǐ sòng gěi
白胡须老人，把一支笔送给

tā shuō
他，说：

zhè shì yì zhī shén bǐ nǐ yào hǎo hǎo yòng tā
“这是一支神笔，你要好好用它！”

mǎ liáng jiē guo lai yí kàn nà bǐ jīn guāng càn càn de
马良接过来一看，那笔金光灿灿的，
ná zài shǒu shang chén diàn diàn de tā lè de bèng xià chuáng lai
拿在手上沉甸甸的。他乐得蹦下床来：

xiè xie nín lǎo yé ye
“谢谢您，老爷爷……”

mǎ liáng de huà hái méi you shuō wán bái hú xū lǎo rén yǐ
马良的话还没有说完，白胡须老人已
jīng bú jiàn le
经不见了。

mǎ liáng yì jīng jiù xǐng guo lai le róu rou yǎn jing
马良一惊，就醒过来了，揉揉眼睛，
yuán lái shì gè mèng ne kě yòu bú shì mèng a nà zhī bǐ bú
原来是个梦呢！可又不是梦啊，那支笔不
shì hǎo hǎo de zài zì jǐ de shǒu li ma
是好好地在自己的手里吗？

tā shí fēn gāo xìng de bēn chu yáo dòng āi jiā āi hù qù
他十分高兴地奔出窑洞，挨家挨户去
qiāo mén bǎ huǒ bàn men dōu jiào xǐng gào su tā men wǒ yǒu
敲门，把伙伴们都叫醒，告诉他们：“我有
bǐ la zhè shí cái bàn yè ne
笔啦！”这时才半夜呢！

tā yòng bǐ huà le yì zhī niǎo nà niǎo pū pu chì bǎng fēi
他用笔画了一只鸟。那鸟扑扑翅膀飞
dào tiān shàng qù duì tā jī ji zhā zhā de chàng qǐ gē lai tā
到天上去，对他叽叽喳喳地唱起歌来。他

yòng bǐ huà le yì tiáo yú nà yú shuǎishuai wěi ba yóu jìn shuǐ
用笔画了一条鱼。那鱼甩甩尾巴，游进水

li qu duì tā yáo yáo bǎi bǎi de tiào qǐ wǔ lai tā huān xǐ
里去，对他摇摇摆摆地跳起舞来。他欢喜

jí le shuō
极了，说：

zhè shén bǐ zhēn hǎo wa
“这神笔真好哇！”

mǎ liáng yǒu le zhè zhī shén bǐ tiān tiān tì
马良有了这支神笔，天天替

cūn li de qióng kǔ rén huà huà shéi jiā méi you
村里的穷苦人画画。谁家没有

lí bà tā jiù gěi tā huà lí bà shéi jiā méi you gēng
犁耙，他就给他画犁耙；谁家没有耕

niú tā jiù gěi tā huà gēng niú shéi jiā méi you shuǐ
牛，他就给他画耕牛；谁家没有水

chē tā jiù gěi tā huà shuǐ chē shéi jiā méi you shí mò tā jiù
车，他就给他画水车；谁家没有石磨，他就

gěi tā huà shí mò
给他画石磨。

tiān xià méi you bú tòu fēng de qiáng xiāo xi hěn kuài chuán jin
天下没有不透风的墙，消息很快传进

le fù jìn zhuāng yuán yí gè è cái zhu de ěr duo li zhè è
了附近庄园一个恶财主的耳朵里。这恶

cái zhu xiàng lái tān lán bà dào jiù pài lai liǎng gè jiā dīng bǎ
财主向来贪婪、霸道，就派来两个家丁把

tā zhuā qu bī tā huà huà
他抓去，逼他画画。

mǎ liáng nián jì suī xiǎo què shēng lái shì gè yìng xìng zi
马良年纪虽小，却生来是个硬性子

de rén tā kàn tòu zhè cái zhu de huài xīn cháng rèn píng cái zhu
的人。他看透这财主的坏心肠，任凭财主

zěn yàng hǒng tā xià tā tā jiù shì bù kěn gěi cái zhu huà jīn yuán
怎样哄他吓他，他就是不肯给财主画金元

bǎo cái zhu jiāng tā guān zài mǎ jiù li yě bù gěi tā fàn chī
宝。财主将他关在马厩里，也不给他饭吃，

fēi yào tā huà jīn yuán bǎo bù kě yè wǎn xuě fēn fēn yáng yáng
非要他画金元宝不可。夜晚，雪纷纷扬扬

de luò zhe dì shang yǐ jīng jī qi le hòu hòu yì céng cái zhu
地落着，地上已经积起了厚厚一层。财主

xiǎng mǎ liáng zhè xià yí dìng shòu bù liǎo la tā zǒu xiàng mǎ
想：马良这下一定受不了啦！他走向马

jiù yuǎn yuǎn kàn jian lǐ miàn tòu chu hóng hóng de liàng guāng wén
厩，远远看见里面透出红红的亮光，闻

dào yì gǔ xiāng pēn pēn de wèi dao tā jué de qí guài qiāo qiāo
到一股香喷喷的味道。他觉得奇怪，悄悄

de zǒu jìn yí kàn à mǎ liáng shāo qi le yì duī mù chái
地走近一看——啊，马良烧起了一堆木柴，
yì biān kǎo zhe huǒ yì biān chī zhe rè hōng hōng de bǐng zi ne
一边烤着火，一边吃着热烘烘的饼子呢！
cái zhu zhī dao zhè xiē chái huo hé bǐng zi shì mǎ liáng yòng shén bǐ huà
财主知道这些柴火和饼子是马良用神笔画
de jiù qì hū hū de qù jiào jiā dīng lái yào tā men duó guo mǎ
的，就气呼呼地去叫家丁来，要他们夺过马
liáng shǒu shang nà zhī shén bǐ
良手上那支神笔。

hǎo jǐ gè xiōng è de jiā dīng chōng jin mǎ jiù què bú jiàn
好几个凶恶的家丁，冲进马厩，却不见
mǎ liáng zhǐ jiàn hòu miàn qiáng bì shang kào zhe yí jià tī zi mǎ
马良，只见后面墙壁上靠着一架梯子。马
liáng chèn zhe tiān hēi pān shang zhè tī zi fān qiáng zǒu le cái zhu
良趁着天黑，攀上这梯子翻墙走了。财主
jí máng jiào jiā dīng pān shang tī zi qù zhuī
急忙叫家丁攀上梯子去追。

mǎ liáng táo chū le è cái zhu de zhuāng yuán tā zhī dao zài
马良逃出了恶财主的庄园，他知道在
cūn zi li shì bù kě néng zhù xia qu le tā xiàng zì jǐ de cūn
村子里是不可能住下去了。他向自己的村
luò huī le huī shǒu shuō
落挥了挥手，说：

huǒ bàn men wǒ huì huí lai de
“伙伴们，我会回来的！”

mǎ liáng yòng shén bǐ huà le yì pǐ dà jùn mǎ tiào shang mǎ
马良用神笔画了一匹大骏马，跳上马
bèi xiàng dà lù shang bēn qu
背向大路上奔去。

没跑出多少路，只听见后面一阵喧哗。回头一看，火把照得通明，财主骑着匹快马，手执一把明晃晃的钢刀，带着一群家丁追上来了。

眼看就要追上了，马良不慌不忙，用神笔画了一张弓、一支箭。箭一上弦，嗖的一声响，正射中财主的马。马一颤，财主翻身跌下马去了。马良拍拍大骏马，大骏马像飞一样地向前奔去了。

马良昼夜不停地在路上跑了好几天，到了一个市镇里，看看离家乡已经很远了，就在这儿暂住下来。他画了许多画，拿到街上去卖。因为他怕别人知道神笔的事，便不让画活起来。画成的东西不是少嘴的，便是断腿的。

yì tiān tā huà le yì zhī méi you yǎn jing de bái hè
一天，他画了一只没有眼睛的白鹤，
yí bù xiǎo xīn zài tā liǎn shang jiàn shang le yì dī mò shuǐ bái
一不小心，在它脸上溅上了一滴墨水。白
hè biàn yǎn jing yì zhēng shān qi shuāng chì fēi shàng tiān qu le
鹤便眼睛一睁，扇起双翅，飞上天去了。

zhè yì lái zhěng gè shì zhèn dōu hōng dòng le dāng dì
这一来，整个市镇都轰动了。当地
de guān yuán jiāng zhè jiàn shì zòu gěi le huáng dì huáng dì xià le
的官员将这件事奏给了皇帝。皇帝下了
yí dào shèng zhǐ pài rén lái zhào mǎ liáng dào jīng chéng qù gěi tā huà
一道圣旨，派人来召马良到京城去给他画
huà mǎ liáng bù kěn qù zhè xiē rén biàn yìng bǎ tā lā qu le
画。马良不肯去，这些人便硬把他拉去了。

mǎ liáng tīng guo xǔ duō guān yú zhè ge huài huáng dì qī wǔ
马良听过许多关于这个坏皇帝欺侮
píng mín bǎi xìng de shì xīn li hèn tòu le tā nǎ kěn gěi tā huà
平民百姓的事，心里恨透了他，哪肯给他画
huà ne huáng dì jiào tā huà yì tiáo lóng tā què huà le yì zhī
画呢！皇帝叫他画一条龙，他却画了一只
dà bì hǔ huáng dì jiào tā huà yì zhī fèng huáng tā què huà le
大壁虎；皇帝叫他画一只凤凰，他却画了
yì zhī dà wū yā dà bì hǔ hé dà wū yā zhǎng de shí fēn nán
一只大乌鸦。大壁虎和大乌鸦长得十分难
kàn zài huáng gōng li luàn pá luàn jiào hái dǎ qǐ jià lai nòng
看，在皇宫里乱爬乱叫，还打起架来，弄
de huáng gōng li wū qī bā zāo huáng dì dà wéi nǎo huǒ jiù
得皇宫里乌七八糟。皇帝大为恼火，就
mìng wèi shì men qiǎng xia tā de shén bǐ jiāng tā dǎ rù jiān láo
命卫士们抢下他的神笔，将他打入监牢。

huáng dì ná dào shén bǐ, jiù zì jǐ huà le qǐ lai. tā
皇帝拿到神笔，就自己画了起来。他
xiān huà jīn shān. tān xīn bù zú de huáng dì, huà le yí zuò yòu
先画金山。贪心不足的皇帝，画了一座又
yí zuò, huà le yí zuò yòu yí zuò, chóng chóng dié dié de huà le
一座，画了一座又一座，重重叠叠地画了
xǔ duō. huà hǎo yí kàn, zhè nǎ shì jīn shān, míng míng shì yì
许多。画好一看，这哪是金山，明明是一
duī duī dà shí tou! shàng miàn yā de tài duō, jiù tā xia lai,
堆堆大石头！上面压得太多，就塌下来，
chà yì diǎnr bǎ huáng dì de jiǎo zá shāng le.
差一点儿把皇帝的脚砸伤了。

huáng dì hái bù sǐ xīn. tā xiǎng: huà jīn shān bù chéng,
皇帝还不死心。他想：画金山不成，
jiù huà jīn zhuān. tā huà le yí kuài xián xiǎo, huà le yí kuài hái xián
就画金砖。他画了一块嫌小，画了一块还嫌
xiǎo, zuì hòu huà chéng cháng cháng de yí dà tiáo. huà hǎo yí kàn,
小，最后画成长长的一大条。画好一看，
nǎ shì jīn zhuān, fēn míng shì yì tiáo cháng cháng de dà mǎng shé!
哪是金砖，分明是一条长长的大蟒蛇！
mǎng shé zhāng kai xuè pén dà kǒu, xiàng tā pū lai. xìng kuī wèi shì
蟒蛇张开血盆大口，向他扑来。幸亏卫士
men jiù de kuài, bù rán, huáng dì zǎo bèi dà mǎng shé chī diào le.
们救得快，不然，皇帝早被大蟒蛇吃掉了。

huáng dì méi you bàn fǎ, zhǐ dé jiāng mǎ liáng fàng chu lai,
皇帝没有办法，只得将马良放出来，
yòu jiǎ xīng xīng de duì tā shuō le yì xiē hǎo huà, shuō shén me yào gěi
又假惺惺地对他说了一些好话，说什么要给
tā xǔ duō xǔ duō qián cái, shuō shén me yào fēng tā zuò hěn dà hěn dà
他许多许多钱财，说什么要封他做很大很大

de guān
的官……

mǎ liáng yì xīn xiǎng duó hui shén bǐ biàn jiǎ zhuāng dā ying
马良一心想夺回神笔，便假装答应
xia lai huáng dì jiàn mǎ liáng dā ying le hěn gāo xìng jiù bǎ
下来。皇帝见马良答应了，很高兴，就把
shén bǐ huán gěi le mǎ liáng yào mǎ liáng gěi tā huà huà
神笔还给了马良，要马良给他画画。

huáng dì xiǎng huà jīn shān jīn zhuān dōu bù chéng nà me
皇帝想：画金山、金砖都不成，那么
huà zhū yáo qián shù ba yáo qián shù shang jiē de dōu shì qián qīng
画株摇钱树吧！摇钱树上结的都是钱，轻
qīng yì yáo jiù néng diào xià xǔ duō qián lai zhè duō hǎo wa
轻一摇，就能掉下许多钱来。这多好哇！
tā jiù jiào mǎ liáng huà yáo qián shù
他就叫马良画摇钱树。

mǎ liáng dǎ dìng le zhǔ yi shén me huà yě bù shuō tí
马良打定了主意，什么话也不说，提
qi shén bǐ yì huī yí piàn wú biān de dà hǎi chū xiàn zài yǎn qián
起神笔一挥，一片无边的大海出现在眼前
le lán lán de hǎi shuǐ méi you yì sī bō wén liàng shǎn shǎn de
了。蓝蓝的海水没有一丝波纹，亮闪闪的，
xiàng yí miàn dà yù jìng
像一面大玉镜。

huáng dì kàn le hěn bù mǎn yì liǎn yì bǎn hè dào
皇帝看了很不满意，脸一板，喝道：
jiào nǐ huà yáo qián shù shéi jiào nǐ huà hǎi
“叫你画摇钱树，谁叫你画海！”

mǎ liáng zài hǎi zhōng yāng huà le gè dǎo dǎo shang huà le
马良在海中央画了个岛，岛上画了

zhū shù shuō
株树，说：

zhè bú shì yáo qián shù ma
“这不是摇钱树吗？”

huáng dì kàn jiàn nà zhū shù shǎn zhe yào yǎn de jīn sè
皇帝看见那株树，闪着耀眼的金色
guāng máng zài hóu long li yàn le jǐ kǒu kǒu shuǐ xī xī de xiào
光芒，在喉咙里咽了几口口水，嘻嘻地笑
le qǐ lái jiē jiē bā bā de duì mǎ liáng shuō
了起来，结结巴巴地对马良说：

gǎn kuài huà zhī dà chuán wǒ yào dào dǎo shang qù yáo qián
“赶快画只大船，我要到岛上去摇钱！”

mǎ liáng huà le yì zhī chuán huáng dì dài le xǔ duō bīng
马良画了一只船。皇帝带了许多兵
shì shàng chuán qù le
士，上船去了。

mǎ liáng yòu huà le jǐ bǐ fēng hǎi shuǐ yàng qi mì mì de
马良又画了几笔风，海水漾起密密的
bō wén chuán kāi dòng le
波纹，船开动了。

huáng dì xīn li yǎng yǎng de xián chuán zǒu de tài màn zài
皇帝心里痒痒的，嫌船走得太慢，在
chuán tóu shang jiào
船头上叫：

fēng dà xiē fēng dà xiē
“风大些，风大些……”

mǎ liáng yòu jiā le jǐ bǐ fēng hǎi dòng dàng qi lai le
马良又加了几笔风。海动荡起来了，
chuán shang de fān gǔ de mǎn mǎn de chuán xiàng hǎi zhōng yāng jí sù
船上的帆鼓得满满的，船向海中央急速

shǐ qu
驶去。

mǎ liáng yòu jiā shang jǐ bǐ dà fēng hǎi fèn nù de hǒu
马良又加上几笔大风。海愤怒地吼
jiào qi lai juǎn qi xiōng yǒng de làng tāo chuán kāi shǐ yáo yáo
叫起来，卷起汹涌的浪涛。船开始摇摇
huàng huàng le
晃晃了。

huáng dì kāi shǐ hài pà le xiàng mǎ liáng yáo shǒu dà
皇帝开始害怕了，向马良摇手，大
shēng de hǎn dào
声地喊道：

fēng gòu le fēng gòu le
“风够了，风够了……”

mǎ liáng zhuāng zuò méi you tīng jiàn bù zhù shǒu de huà zhe
马良装作没有听见，不住手地画着
fēng hǎi shuǐ kuáng nù le làng tāo pū dào chuán shàng qu le
风。海水狂怒了，浪涛扑到船上去了。
chuán qīng xié le chuán shang luàn qi lai le
船倾斜了，船上乱起来了。

huáng dì bèi hǎi shuǐ dǎ de hún shēn shī lù lù de bào zhe
皇帝被海水打得浑身湿漉漉的，抱着
chuán de wéi gān bú zhù de jiào
船的桅杆，不住地叫：

fēng tài dà le chuán yào fān le bú yào zài huà le
“风太大了，船要翻了！不要再画了……”

mǎ liáng hái shi bú zhù shǒu de huà fēng fēng gèng dà
马良还是不住手地画风。风更大
le chuī lai le xǔ duō hòu hòu de wū yún zhè shí yòu dǎ
了，吹来了许多厚厚的乌云。这时又打

léi yòu shǎn diàn hái xià qǐ bào yǔ lai làng gèng měng le
雷又闪电，还下起暴雨来。浪更猛了，
hǎi shuǐ xiàng yì dǔ dǔ dǎo tā de gāo qiáng jiē lián bú duàn de
海水像一堵堵倒塌的高墙，接连不断地
wǎng chuán shang zá qu
往船上砸去。

chuán fān le chuán suì le huài huáng dì ne bú jiàn
船翻了，船碎了。坏皇帝呢？不见
le dà gài chén dào hǎi dǐ qù le
了，大概沉到海底去了。

shén bǐ mǎ liáng de gù shi jiù zhè yàng chuán kai le
“神笔马良”的故事就这样传开了。
dàn shì mǎ liáng hòu lái zěn yàng le ne dà jiā dōu bù qīng chu
但是，马良后来怎样了呢？大家都不清楚。

yǒu rén shuō tā huí dào zì jǐ de jiā xiāng hé nà xiē
有人说，他回到自己的家乡，和那些
zhòng dì de huǒ bàn men zài yì qǐ
种地的伙伴们在一起。

yě yǒu rén shuō tā dào chù liú làng zhuān mén gěi qióng kǔ
也有人说，他到处流浪，专门给穷苦
de rén men huà huà
的人们画画。

阅读指导

杨家洼水草丰美，牛羊成群，村民们在这片土地上安居乐业。可不知从哪一天开始，每天一阵黑风过后，草原上都要少三五只羊，三娃下定决心解开谜团。

有一天，勇敢的三娃追着黑风，想要找回丢失的羊。途中，三娃幸运地遇到了花神姐姐，花神姐姐给了他三颗神奇的种子……那么，花神为什么会赠给三娃三颗种子？这三颗种子分别变成了什么？三娃身上又有哪些值得我们学习的品质呢？

mù tóng sān wá

牧童三娃

yáng jiā wā zhēn shì gè hǎo dì fang a sān miàn yǒu zhí
杨家洼真是个好地方啊！三面有直
chā yún xiāo de gāo shān qí fēng tǐng bá shān shang shù mù qīng
插云霄的高山，奇峰挺拔，山上树木青
cōng dōng miàn shì yí piàn guǎng kuò de dà cǎo yuán cǎo yuán shang
葱；东面是一片广阔的大草原，草原上
zhǎng mǎn le xiān nèn de qīng cǎo cǎo yuán zhōng jiān hái yǒu yí gè
长满了鲜嫩的青草。草原中间还有一个
xiǎo xiǎo de hú hú shuǐ hěn qīng yǒu cǎo yǒu shuǐ cūn zi li
小小的湖，湖水很清。有草有水，村子里
jiā jiā hù hù dōu sì yǎng le xǔ duō yáng měi tiān qīng chén hé
家家户户都饲养了许多羊。每天清晨和
bàng wǎn cǎo yuán shang fàng mǎn le bái sè de yáng wēi fēng chuī
傍晚，草原上放满了白色的羊。微风吹
guo cǎo yuán shang fān zhe lǜ sè de bō làng yáng qún zài hú
过，草原上翻着绿色的波浪。羊群在湖
biān hē shuǐ yí gè gè dào yǐng zài hú miàn dàng yàng lǎo nián rén
边喝水，一个个倒影在湖面荡漾。老年人
zài cǎo yuán shang zuò xia lai qǐ jìn de shuō zhe yǒu qù de gù
在草原上坐下来，起劲地说着有趣的故
shi nián qīng de gū niang zài cǎo yuán shang cǎi zhāi měi lì de yě
事。年轻的姑娘在草原上采摘美丽的野

花，发出阵阵银铃般的笑声；孩子们在草原上打滚儿、翻跟斗；小伙子在草原上唱起了优美的山歌，这个唱完了那个接下去，歌唱着心底的快乐。

但是不知道怎么的，近来，放在草原上的羊常常不见了。不是这家的，便是那家的，每天总要少去三五只。羊可是人们的命根子呀！那些快活的老年人，都发愁了。那些俏皮的姑娘，也都忧郁起来了。那些爱闹腾的孩子们，都瞪着眼睛发呆了。那些喜欢唱山歌的小伙子，也没有这份心思来唱歌了。但是羊啊，仍是天天在少。到哪里去了呢？谁也不知道。

一天，太阳偏西了，杨家洼的草原上，羊都在安静地吃草。突然，又和往日

yí yàng tiān shàng wú yún wú yǐng píng dì guā qi le yí zhèn nóng
一样，天上无云无影，平地刮起了一阵浓
yān shì de hēi fēng fēi shā zǒu shí jiào rén zhēng bù kāi yǎn jing
烟似的黑风，飞沙走石，叫人睁不开眼睛。
fēng guò le yáng yòu shǎo le jǐ zhī
风过了，羊又少了几只。

yǒu yí gè fàng yáng de hái zi míng jiào sān wá jīn nián
有一个放羊的孩子，名叫三娃，今年
cái shí wǔ suì tā xiǎng yáng měi tiān zhè yàng shǎo xia qu cūn
才十五岁。他想：羊每天这样少下去，村
li rén men de rì zi jiù yào guò bú xià qù le yí dìng děi xiǎng
里人们的日子就要过不下去了。一定得想
gè bàn fǎ tā zhī dao tā men de yáng tiān tiān shǎo qu yí dìng
个办法！他知道他们的羊天天少去，一定
hé zhè zhèn hēi fēng yǒu guān xi yīn wèi zhǐ yào zhè zhèn hēi fēng wǎng
和这阵黑风有关系。因为只要这阵黑风往
dì shang yì juǎn jiù shǎo sān wǔ zhī yáng sān wá jí máng bǎ yáng
地上一卷，就少三五只羊。三娃急忙把羊
biān zi yì diū zhuī gǎn guo qu le
鞭子一丢，追赶过去了。

sān wá nǎr qù ya huǒ bàn men wèn tā
“三娃，哪儿去呀？”伙伴们问他。

zhǎo yáng qù ya nǐ men děng zhe wǒ huì bǎ dà jiā
“找羊去呀！你们等着，我会把大家
de yáng zhǎo hui lai de sān wá huī yì huī shǒu gēn zài hēi fēng
的羊找回来的！”三娃挥一挥手，跟在黑风
de hòu miàn fēi yí yàng de pǎo zhe
的后面飞一样地跑着。

huǒ bàn men yě méi tīng qīng chu sān wá de huà yì qí zhuī
伙伴们也没听清楚三娃的话，一齐追

gǎn shang qu dàn sān wá pǎo de zhēn kuài yí huìr gōng fu biàn
赶上去。但三娃跑得真快，一会儿工夫便
pǎo de wú yǐng wú zōng le
跑得无影无踪了。

hēi fēng juǎn guo le shān bèi sān wá gǎn shang le shān bèi
黑风卷过了山背，三娃赶上了山背。

hēi fēng zhuǎn guo le shān pō sān wá gǎn shang le shān pō
黑风转过了山坡，三娃赶上了山坡。

hēi fēng fān guo le shāngāng sān wá gǎn shang le shāngāng
黑风翻过了山冈，三娃赶上了山冈。

sān wá pǎo de tuǐ tòng le jiǎo zhǒng le tā hái shi yǎo
三娃跑得腿痛了，脚肿了，他还是咬
jǐn yá guān jǐn jǐn zhuī gǎn zhe
紧牙关紧紧追赶着。

tā zhuī zhe zhuī zhe hēi fēng yuè juǎn yuè kuài yǎn
他追着追着，黑风越卷越快！眼
kàn sān wá yào zhuī bú shàng le tā hái shi bù tíng jiǎo de
看三娃要追不上了，他还是不停脚地
zhuī zhe tā xiǎng yí dìng yào bǎ cūn li nà xiē diū shī
追着。他想：一定要把村里那些丢失
de yáng zhuī hui lai
的羊追回来！

tā pǎo wa pǎo tū rán bèi yì kǒu qì biē zhù le tā
他跑哇跑，突然被一口气憋住了。他
zhǐ dé lì zhù jiǎo yàn xia yì kǒu tuò mo chuǎn le kǒu qì
只得立住脚，咽下一口唾沫，喘了口气。
kě shì gāng yì zhǎ yǎn hēi fēng rào guo yí zuò shān fēng bú jiàn le
可是刚一眨眼，黑风绕过一座山峰不见了。

sān wá méi you bàn fǎ lì zài shān shang dāi dāi de wàng le
三娃没有办法，立在山上呆呆地望了

yí huìr lián hēi fēng de yǐng zi dōu bú jiàn le wǎng nǎr
一会儿，连黑风的影子都不见了！往哪儿
qù zhǎo ne tā tuō tuo jiǎo jiǎo xiàng yǒu qiān jīn zhòng jiǎo dǐ
去找呢？他拖拖脚，脚像有千斤重，脚底
mó qi le xǔ duō shuǐ pào zuān xīn de téng tòng tā zhǐ dé yí
磨起了许多水疱，钻心地疼痛。他只得一
pì gu zuò zài dì shang xiē yí huìr zài shuō
屁股坐在地上，歇一会儿再说。

zhè li shì sān wá cóng méi you dào guo de dì fang huāng
这里是三娃从没有到过的地方。荒
cǎo yǒu jiǎo gēn dào xī gài nà me gāo dǎn qiè de xiǎo yě shòu zài
草有脚跟到膝盖那么高，胆怯的小野兽在
luàn shí duī li cuàn lái cuàn qù sān wá bù zhī dao lí jiā yǒu duō
乱石堆里窜来窜去。三娃不知道离家有多
yuǎn le
远了。

tiān kōng zhōng hū rán piāo lai yí piàn wū yún bǎ tài yang
天空中，忽然飘来一片乌云，把太阳
zhē zhù le zhè wū yún hòu hòu de sān wá zhī dao yào xià yǔ
遮住了。这乌云厚厚的，三娃知道要下雨
le dàn shì tā yì xīn xiǎng yào bǎ dà jiā de yáng zhuī huí qu
了。但是他一心想要把大家的羊追回去，
nǎ hái guǎn xià yǔ ne tā qiáng rěn zhe jiǎo shang shuǐ pào cā pò
哪还管下雨呢！他强忍着脚上水疱擦破
de téng tòng yí bù āi yí bù de xiàng qián zǒu qu
的疼痛，一步挨一步地向前走去。

wū yún yuè lái yuè duō le tiān xiàng yì kǒu dào fàng de hēi
乌云越来越多了。天像一口倒放的黑
guō zhào zài tā tóu dǐng shang sān wá hái shi xiàng qián zǒu qu
锅，罩在他头顶上。三娃还是向前走去。

shǎn diàn xiàng yí gè fā nù de jù rén bǎ wū yún chě de
闪电像一个发怒的巨人，把乌云扯得
fěn suì léi shēng xiǎng chè tiān de yǔ xià qǐ lai le ér qiě
粉碎。雷声响彻天地。雨下起来了，而且
yuè xià yuè dà dòu dà de yǔ dī cóng kōng zhōng luò xia lai sān
越下越大，豆大的雨滴从空中落下来。三
wá hái shi xiàng qián zǒu qu
娃还是向前走去。

zhèn ěr de pī lì zhèn de shān shang de dà shù sè sè fā
震耳的霹雳，震得山上的大树瑟瑟发
dǒu huǒ hóng de diàn guāng shǎn de rén zhēng bù kāi yǎn jing
抖。火红的电光，闪得人睁不开眼睛。

tiān hūn dì àn lián lù yě kàn bù qīng le jiè zhe diàn
天昏地暗，连路也看不清了。借着电
guāng sān wá jiàn jìn chù yǒu yì zhū dà shù tā jiù mō dào dà
光，三娃见近处有一株大树，他就摸到大
shù dǐ xia qù duǒ yì duǒ yǔ
树底下去躲一躲雨。

zhè dà shù shù gàn wān wān de shù yè zi mì mì de
这大树，树干弯弯的，树叶子密密的。
duǒ zài zhè shù xià xiàng chēng zhe yì bǎ dà sǎn yí yàng sān wá
躲在这树下，像撑着一把大伞一样。三娃
yě méi kàn qīng zhè shì shén me shù jiù zài shù dǐ xia zuò xia lai
也没看清这是什么树，就在树底下坐下来。

yǔ gèng dà le sān wá zuò zài shù dǐ xia yě bù xíng
雨更大了。三娃坐在树底下也不行
la shān dǐng shang de shuǐ tǎng xia lai le tā zhǐ dé pá shang le
啦，山顶上的水淌下来了。他只得爬上了
shù zuò zài yì gè yā chà shang
树，坐在一个丫杈上。

shuǐ yuè lái yuè duō le shù páng de ní tǔ bèi shuǐ yì
水越来越多了。树旁的泥土被水一
chōng shù gēn zi dōu lù chu lai le sān wá zhī dao rú guǒ
冲，树根子都露出来了。三娃知道，如果
ràng shuǐ bú zhù de chōng xia qu zhè kē shù jiù yào dǎo le tā
让水不住地冲下去，这棵树就要倒了。他
xiǎng zhè yàng hǎo hǎo de yì kē shù bèi shuǐ chōng dǎo duō kě
想：这样好好的一棵树，被水冲倒，多可
xī ya tā mào zhe yǔ pǎo chu qu wā le xǔ duō ní tǔ bǎ
惜呀！他冒着雨，跑出去挖了许多泥土把
gēn péi le qǐ lái
根培了起来。

kě shì yǔ hái méi you tíng ne sān wá péi hǎo de ní tǔ
可是雨还没有停呢，三娃培好的泥土
yòu ràng shuǐ gěi chōng zǒu le tā jí huài le máng yòng shuāng shǒu
又让水给冲走了。他急坏了，忙用双手
zài shù páng shùn zhe dì shì wā yì tiáo xiǎo gōu
在树旁顺着地势挖一条小沟。

tā huā le bù shǎo de gōng fu gōu wā chéng le shuǐ shùn
他花了不少的工夫，沟挖成了，水顺
zhe gōu liú dào shān jiàn li qù le sān wá hún shēn bèi yǔ lín de
着沟流到山涧里去了。三娃浑身被雨淋得
tòu tòu de shǒu shang de pí yě cā pò le dàn shì sān wá hěn
透透的，手上的皮也擦破了。但是三娃很
gāo xìng tā zhī dao bú yòng zài dān xīn zhè kē dà shù bèi shuǐ chōng
高兴，他知道不用再担心这棵大树被水冲
dǎo le tā jiǎo jiao shī tòu de yī shān shì qu shǒu shang de xuè
倒了。他绞绞湿透的衣衫，拭去手上的血
jì réng zuò zài shù dǐ xià
迹，仍坐在树底下。

天色已晚，雨还不肯停，四周漆黑漆黑的。三娃跑了大半天，又挖了这条水沟，十分疲倦了。不知道什么时候，他靠着树干昏昏沉沉地睡着了。

突然，有人拍他的肩膀，三娃睁开眼一看，一个绝顶标致的仙女立在他面前。他揉揉眼睛，发觉自己不是在大树底下，而是在一座大院子的墙檐下了。

“谢谢你，小弟弟，帮了我许多忙。”那仙女开口对他说话了。

“我帮了你什么忙啊？”三娃眨眨眼睛，还摸不着头脑呢。

“要不是你帮忙，我这院子还不给水冲塌了吗？”仙女指一指墙角培着的泥土和墙边的一条小河。

“哦，这算得了什么呢！”三娃这才明白，原来这泥土是他刚才培的，这河是他刚才挖的水沟哇！

“外面天冷，快进我屋子里去坐一会儿吧！”仙女用手一指，院子的大门就霍地打开了。

三娃还弄不清楚这是怎么一回事，呆呆地不敢进院子去。

“不用怕，我是花神，是好人！”仙女拉了他一把。

à shì huā shén jiě jie sān wá tīng guo xǔ duō huā
“啊，是花神姐姐！”三娃听过许多花
shén de gù shi yòu jīng yòu xǐ de zhàn le qǐ lái
神的故事，又惊又喜地站了起来。

huā shén zài qián miàn dài lù sān wá gēn zhe tā zǒu jin le
花神在前面带路，三娃跟着她走进了
yuàn zi
院子。

zhè yuàn zi zhēn piào liang a jīn mén kǎn yín dà mén
这院子真漂亮啊！金门槛、银大门、
liú li wǎ shuǐ jīng bì dì shì yòng yù shí pū de mén lián
琉璃瓦、水晶壁，地是用玉石铺的，门帘
shì yòng zhēn zhū chuān de wū li bǎi mǎn gè zhǒng bù zhī míng de
是用珍珠穿的。屋里摆满各种不知名的
bǎo qì
宝器。

dào le zhōng jiān yí zuò dà tīng li huā shén ná chu yí dà
到了中间一座大厅里，花神拿出一大
hé jīn zi duì sān wá shuō zhè jīn zi gěi nǐ ba
盒金子，对三娃说：“这金子给你吧！”

sān wá yáo yao tóu dào wǒ bú yào
三娃摇摇头，道：“我不要！”

huā shén ná chu yí dà xiāng yín zi duì sān wá shuō zhè
花神拿出一大箱银子，对三娃说：“这
yín zi gěi nǐ ba
银子给你吧！”

sān wá yáo yao tóu dào wǒ bú yào
三娃摇摇头，道：“我不要！”

huā shén ná chu yí dà chuàn zhēn zhū duì sān wá shuō
花神拿出一大串珍珠，对三娃说：

zhè zhēn zhū gěi nǐ ba
“这珍珠给你吧！”

sān wá yáo yao tóu dào wǒ bú yào
三娃摇摇头，道：“我不要！”

huā shén ná chu yí dà xiāng mǎ nǎo duì sān wá shuō zhè
花神拿出一大箱玛瑙，对三娃说：“这
mǎ nǎo gěi nǐ ba
玛瑙给你吧！”

sān wá yáo yao tóu dào wǒ bú yào
三娃摇摇头，道：“我不要！”

huā shén shí fēn qí guài wèn tā zhè bú yào nà bú
花神十分奇怪，问他：“这不要，那不
yào nà me nǐ xiǎng yào shén me ne
要，那么你想要什么呢？”

sān wá lì kè huí dá wǒ yào zhǎo hui wǒ men cūn li de
三娃立刻回答：“我要找回我们村里的
yáng a wǒ men cūn li de yáng měi tiān dōu ràng yí zhèn hēi fēng juǎn
羊啊！我们村里的羊每天都让一阵黑风卷
zǒu sān wǔ zhī wǒ shì chū lái zhǎo yáng de
走三五只，我是出来找羊的！”

huā shén zhòu zhou méi tóu shuō dào nǐ men de yáng shì
花神皱皱眉头，说道：“你们的羊，是
shēn shān ào de shé jīng qiǎng qu de shēn shān ào lí zhèr hái yǒu
深山坳的蛇精抢去的。深山坳离这儿还有
yì qiān lǐ lù ne
一千里路呢！”

sān wá yǎn jing zhēng de dà dà de shuō jiù shì yǒu
三娃眼睛睁得大大的，说：“就是有
yí wàn lǐ lù wǒ yě yào qù ya huā shén jiě jie nǐ bù
一万里路，我也要去呀！花神姐姐，你不

zhī dao wǒ men yáng jiā wā de rén jiù shì kào yáng huó mìng de
知道，我们杨家洼的人，就是靠羊活命的。
méi you yáng rì zi dōu guò bú xià qù le
没有羊，日子都过不下去了！”

huā shén diǎn le diǎn tóu shuō hǎo ba wǒ sòng nǐ
花神点了点头，说：“好吧，我送你
qù lìng wài wǒ gěi nǐ sān jiàn bǎo bei dào nǐ jí xū yào shén
去。另外，我给你三件宝贝，到你急需要什
me de shí hou nǐ gēn tā men shuō tā men jiù huì gěi nǐ biàn chū
么的时候，你跟它们说，它们就会给你变出
shén me de
什么的！”

shuō wán cóng xiù guǎn li qǔ chū sān jiàn bǎo bei lai sān
说完，从袖管里取出三件宝贝来。三
wá jiē guo lai yí kàn yuán lái shì sān lì zhǒng zi
娃接过来一看，原来是三粒种子。

xiè xie nǐ hǎo jiě jie sān wá bǎ sān lì zhǒng zi
“谢谢你，好姐姐！”三娃把三粒种子
hǎo hǎo de cáng zài zì jǐ de huái li
好好地藏在自己的怀里。

huā shén lā zhe sān wá de shǒu zǒu chu le yuàn zi de dà
花神拉着三娃的手，走出了院子的大
mén zhè shí tiān yǐ jīng liàng le yǔ zǎo tíng le yáng guāng fēi
门。这时天已经亮了，雨早停了，阳光非
cháng wēn nuǎn dì shang de shuǐ yě gān le
常温暖，地上的水也干了。

huā shén suí shǒu chě xia zì jǐ pī jiān shang de yì tiáo cǎi
花神随手扯下自己披肩上的一条彩
dài xiàng kōng zhōng yì diū cǎi dài biàn chéng le yì zhī jīn sè
带，向空中一丢。彩带变成了一只金色

de fèng huáng fēi lai tíng zài tā miàn qián tā duì sān wá shuō
的凤凰，飞来停在她面前。她对三娃说：
qí zhe tā qù ba rú guǒ nǐ hài pà jiù bì shang yǎn jing
“骑着它去吧！如果你害怕，就闭上眼睛
hǎo le
好了。”

sān wá kuà shang le fèng huáng de bèi huā shén niàn dào
三娃跨上了凤凰的背，花神念道：

ā yā yā ā yā yā
“啊呀呀，啊呀呀，
dài tā fēi dào shēn shān ào
带他飞到深山坳！”

fèng huáng chì bǎng yì zhǎn jiù fēi qi lai le sān wá
凤凰翅膀一展，就飞起来了。三娃
huí guò tóu qu xiàng huā shén gào bié yā nǎ yǒu huā shén de yǐng
回过头去向花神告别。呀，哪有花神的影
zi nà zuò dà yuàn zi yě bú jiàn le yuán lái nà shì yì zhū
子！那座大院子也不见了，原来那是一株
hé shù yí yàng gāo de mǔ dan huā ne tā xiàng mǔ dan huā huī hui
和树一样高的牡丹花呢！他向牡丹花挥挥
shǒu hǎn dào huā shén jiě jie zài jiàn la
手，喊道：“花神姐姐，再见啦！”

nà zhū mǔ dan huā yě yáo yao tā de zhī yè hé sān
那株牡丹花，也摇摇它的枝叶，和三
wá dào bié
娃道别。

sān wá hǎn wán zhuǎn guò shēn lai yí kàn tā nǎ shì qí
三娃喊完转过身来一看，他哪是骑
zhe fèng huáng ér shì zuò zài yí piàn hěn dà de mǔ dan huā yè
着凤凰，而是坐在一片很大的牡丹花叶

zi shang fēi ne
子上飞呢！

yè zi zài gāo kōng zhōng fēi zhe fēi zhe sān wá yì diǎnr
叶子在高空中飞着飞着，三娃一点
yě bú hài pà tā zhēng dà yǎn jing shǔ zhe dǐ xia de shān
儿也不害怕。他睁大眼睛，数着底下的山
hé shuǐ
和水。

yí zuò shān guò qu le yòu yí zuò shān guò qu le xǔ
一座山过去了，又一座山过去了，许
duō zuò shān guò qu le
多座山过去了。

yì tiáo hé guò qu le yòu yì tiáo hé guò qu le xǔ
一条河过去了，又一条河过去了，许
duō tiáo hé guò qu le
多条河过去了。

tā chuān guo yí piàn bái yún bái yún xiàng tā diǎn dian tóu
他穿过一片白云，白云向他点点头。

tā jīng guò tài yang de miàn qián tài yang cháo tā zhǎ zha yǎn
他经过太阳的面前，太阳朝他眨眨眼。

tā fēi ya fēi ya dào yí zuò dà shān dǐ xia yè zi
他飞呀飞呀！到一座大山底下，叶子
tíng xia lai le sān wá zhī dao zhè jiù shì shēn shān ào shì shé
停下来了。三娃知道，这就是深山坳，是蛇
jīng zhù de dì fang tā tiào xia yè zi xiàng shān li zǒu qu
精住的地方。他跳下叶子，向山里走去。

zhè zuò shān hǎo kě pà yo shān shang guāng tū tū de
这座山好可怕哟！山上光秃秃的，
méi you yì kē shù lián cǎo yě bù zhǎng shān shang sǒng lì zhe gè
没有一棵树，连草也不长。山上耸立着各

zhǒng qí xíng guài zhuàng de yán shí xiàng dūn zhe wú shù tóu xiōng měng
种奇形怪状的岩石，像蹲着无数头凶猛
de yě shòu shān xià qī lěng de fēng fā chū jiān lì de jiào shēng
的野兽。山下凄冷的风发出尖厉的叫声，
màn tiān huáng shā fēi yáng
漫天黄沙飞扬。

sān wá pá dào le bàn shān yāo kàn jiàn shān dǐng yǒu yí gè
三娃爬到了半山腰，看见山顶有一个
dà shí dòng shí dòng li mào chu yí gǔ qī hēi de nóng yān fēng
大石洞。石洞里冒出一股漆黑的浓烟，风
dài guo lai yì gǔ xuè xīng wèi sān wá zhī dao zhè yí dìng shì
带过来一股血腥味。三娃知道，这一定是
shé jīng zhù de dòng
蛇精住的洞。

tā zǒu dào lí dòng kǒu hái yǒu shí duō mǐ yuǎn de dì fang
他走到离洞口还有十多米远的地方，
zhǐ tīng de dòng li chuán chu lai yí zhèn cū zhuó de xiào shēng hā
只听得洞里传出来一阵粗浊的笑声：“哈
hā hā hā hā hā
哈哈，哈哈哈……”

sān wá dìng jīng yí kàn hēi yān li pán zuò zhe yì tiáo
三娃定睛一看，黑烟里盘坐着一条
sān sì mǐ cháng de dà shé tā áng zhe tóu zhāng kai le xuè
三四米长的大蛇。它昂着头，张开了血
hóng de zuǐ ba liǎng zhī tóng líng shì de yǎn jing gū lū lū de
红的嘴巴；两只铜铃似的眼睛，骨碌碌地
zhí dǎ zhuàn fā zhe kě pà de lǜ guāng dà gài shì gāng chī
直打转，发着可怕的绿光；大概是刚吃
le shén me dōng xi dù pí lóng de gāo gāo de sān wá zhī
了什么东西，肚皮隆得高高的。三娃知

dao zhè jiù shì měi tiān dào yáng jiā wā qù tōu yáng de shé jīng
道，这就是每天到杨家洼去偷羊的蛇精。
tā gǔ qi yǒng qì zǒu shàng qián qu dà shēng hè dào wèi
他鼓起勇气走上前去，大声喝道：“喂！
nǐ wèi shén me yào tōu wǒ men de yáng kuài bǎ nà xiē yáng huán
你为什么要偷我们的羊？快把那些羊还
gěi wǒ men
给我们！”

shé jīng yòu xiàng qiāo pò luó shì de xiào le yí zhèn zi huí
蛇精又像敲破锣似的笑了一阵子，回
dá dào hēi xiǎo dōng xi hái gǎn dào zhè li lái tǎo yáng
答道：“嘿，小东西，还敢到这里来讨羊！
kuài gǔn kāi ba wǒ yào shuì le
快滚开吧，我要睡了！”

shuō wán tā tǔ le jǐ kǒu hēi yān bǎ tóu yì suō zhǐ
说完，它吐了几口黑烟，把头一缩，只
tīng de huā de yì shēng shí dòng de mén bì lǒng le děng yān sàn
听得哗的一声，石洞的门闭拢了。等烟散
hòu yí kàn zhǐ yǒu yí kuài xiāo píng de shí bì lián mén de yǐng zi
后一看，只有一块削平的石壁，连门的影子
yě méi you sān wá shàng qián qù tuī le tuī nǎ li tuī de dòng
也没有。三娃上前去推了推，哪里推得动
ne tā jìn bù liǎo shí dòng méi you bàn fǎ biàn zuò zài shí bì
呢！他进不了石洞，没有办法，便坐在石壁
qián fā lèng
前发愣。

tū rán tā xiǎng qi huā shén gěi tā de nà sān lì zhǒng zi
突然，他想起花神给他的那三粒种子
le biàn cóng huái li qǔ chū yí lì lai qīng qīng shuō dào
了，便从怀里取出一粒来，轻轻说道：

zhǒng zi zhǒng zi
“种子，种子，
bāngbang wǒ de máng
帮帮我的忙！”

qí guài tā yì shuō wán shǒu shang ná de jiù bú shì zhǒng
奇怪，他一说完，手上拿的就不是种
zi le ér shì yì bǎ kāi shān yòng de dà záo zi
子了，而是一把开山用的大凿子！

tā ná zhe zhè bǎ záo zi jiù dào shí bì shang qù záo
他拿着这把凿子，就到石壁上去凿
le záo le yí xià shí mén jiù lù chu lai le záo le liǎng
了。凿了一下，石门就露出来了。凿了两
xià shí mén pò le yí gè dà kū long záo le sān xià zhěng
下，石门破了一个大窟窿。凿了三下，整
shàn shí mén jiù tā le xià lái
扇石门就塌了下来。

shé jīng zhèng zài dòng li shuì jiào jiàn sān wá bǎ tā de dòng
蛇精正在洞里睡觉，见三娃把它的洞
mén záo huài le shí fēn nǎo nù cuān le chū lái hǎo xiǎo zi
门凿坏了，十分恼怒，蹿了出来：“好小子，
dào tài suì tóu shang lái dòng tǔ la wǒ yào chī diào nǐ
到太岁头上来动土啦，我要吃掉你！”

shé jīng pū guo lai le sān wá shēn zi yí cè shé jīng
蛇精扑过来了，三娃身子一侧，蛇精
pū le gè kōng sān wá gǎn jǐn jiāng shǒu shang de nà bǎ záo zi cì
扑了个空。三娃赶紧将手上的那把凿子刺
guo qu shé jīng shēn zi yì wāi yě méi cì zhòng
过去，蛇精身子一歪，也没刺中。

shé jīng yòu pū guo lai le sān wá shēn zi yì duǒ shé jīng yòu
蛇精又扑过来了，三娃身子一躲，蛇精又

pū le gè kōng sān wá shí qi dì shang de yí kuài dà shí tou zhì guo
扑了个空。三娃拾起地上的一块大石头掷过
qu shé jīng shēn zi yí tuì yě méi zhì zhòng
去，蛇精身子一退，也没掷中。

shé jīng zài yí cì pū guo lai le sān wá shēn zi yì
蛇精再一次扑过来了，三娃身子一
dūn shé jīng yòu pū le gè kōng sān wá yì jiǎo tī guo qu
蹲，蛇精又扑了个空。三娃一脚踢过去，
zhèng tī zài shé jīng de dù pí shang shé jīng hěn shì nǎo huǒ yì
正踢在蛇精的肚皮上。蛇精很是恼火，一
shǎn shēn bǎ sān wá tán shàng kōng zhōng qu le
闪身，把三娃弹上空中去了。

sān wá cóng kōng zhōng luò xia lai zhèng qí zài shé
三娃从空中落下来，正骑在蛇
jīng de bó zi shang sān wá shuāng jiǎo yì jiā hěn hěn
精的脖子上，三娃双脚一夹，狠狠
de zòu le tā jǐ quán shé jīng páo xiào le yì shēng
地揍了它几拳。蛇精咆哮了一声，
wěi ba wǎng shàng yí juǎn bǎ sān wá de shēn zi tuán
尾巴往上一卷，把三娃的身子团

tuán rào zhù le tā lěng xiào dào xiǎo jiā huo zhè xià nǐ kě
团绕住了。它冷笑道："小家伙，这下你可
dòng bù liǎo le
动不了了！"

sān wá hái xiǎng zhēng zhá kě shì xiōng yāo tuǐ jiǎo
三娃还想挣扎，可是胸、腰、腿、脚
dōu bèi shé jīng chán zhù le tā zhī dao zhǐ yào shé jīng shēn zi
都被蛇精缠住了。他知道，只要蛇精身子
yòng lì yì chōu tā jiù méi mìng le dàn shì tā bù néng zhè yàng
用力一抽，他就没命了。但是他不能这样
děng sǐ tā hái méi you bǎ yáng zhuī hui lai ne nǎo zi yí liàng
等死，他还没有把羊追回来呢！脑子一亮，
tā yòu jì qi huái li nà liǎng lì zhǒng zi le gǎn jǐn qǔ le yí
他又记起怀里那两粒种子了，赶紧取了一
lì chū lai qīng qīng shuō dào
粒出来，轻轻说道：

zhǒng zi zhǒng zi
"种子，种子，
bāng bang wǒ de máng
帮帮我的忙！"

tā shǒu shang de zhǒng zi jiù biàn chéng yì bǎ fēng lì de bǎo
他手上的种子就变成一把锋利的宝
jiàn le ér qiě jiàn jiān shang hái tú zhe hēi sè de dú yào tā
剑了，而且剑尖上还涂着黑色的毒药。他
hěn kuài de jiāng tā chā jin le shé jīng de nǎo dai
很快地将它插进了蛇精的脑袋。

āi yō shé jīng dà jiào yì shēng shēn zi yì sōng
"哎哟！"蛇精大叫一声，身子一松，
fàng kai le sān wá zuǐ li tǎng chū xǔ duō zǐ hēi sè de xiě lai
放开了三娃，嘴里淌出许多紫黑色的血来。

三娃急忙从蛇精身上跳下来，提起宝剑，瞄准它的脑袋又是一剑劈去。蛇精的头被砍下来，尾巴一伸，滚下山去了。

三娃见蛇精已死，十分高兴，就跑进石洞去找羊了。

蛇精的石洞很大，跑进一层又是一层，跑进一层又是一层，可是找来找去找不着羊。直到最后一层院子里，才看到地上丢着一地的羊骨头。三娃知道，这就是往日和他在一起的羊啊！

他拾起一根羊骨头，眼眶里便簌簌地掉下泪珠来：“可爱的羊，我来迟了，见不到你们啦！”

三娃低下头哭了，他想，羊都死了，怎么回去交代呀！忽然间，他又记起他还有一粒种子呢，便取了出来，说道：

“种子，种子，

帮帮我的忙！”

手上的种子变成一盅黄颜色的仙水了。他把这盅仙水往羊骨头上一洒，顿时升起了一阵白雾，迷得三娃睁不开眼睛。雾很快就散了。啊，这些羊都活了！

他真高兴啊！他吹了一声口哨，羊们像见到久别的亲人似的，都向他围上来了。他认得出哪一只是哪家的花尾巴，哪一只是哪家的黑蹄子，哪一只是哪家的尖下巴，哪一只是哪家的长胡子。他把它们抱在怀里，不住地抚摸它们洁白的毛。羊们都亲热地在他身边跳着叫着。

他带着羊群下山来了，到了山脚，找

zháo nà piàn mǔ dan huā de yè zi zhè yè zi biàn de gèng dà
着那片牡丹花的叶子。这叶子变得更大

le tā hé yáng men dōu zhàn zài yè zi shang tā niàn dào
了。他和羊们都站在叶子上，他念道：

ā yā yā ā yā yā
“啊呀呀，啊呀呀，

dài wǒ fēi dào yáng jiā wā
带我飞到杨家洼！”

yè zi jiù fēi qi lai le sòng tā men huí yáng jiā wā qù
叶子就飞起来了，送他们回杨家洼去。

dào le yáng jiā wā yè zi tíng le xià lái sān wá hé yáng
到了杨家洼，叶子停了下来。三娃和羊

tiào dào dì shang nà piàn yè zi yòu biàn chéng yì zhī jīn sè de fèng
跳到地上。那片叶子又变成一只金色的凤

huáng fēi hui qu le
凰，飞回去了。

cūn li de rén men jiàn sān wá huí lai le hái bǎ diū
村里的人们，见三娃回来了，还把丢

shī de yáng quán dōu zhǎo hui lai le zhēn shì shuō bù chū de gāo
失的羊全都找回来了，真是说不出的高

xìng dà jiā dōu shí fēn gǎn jī sān wá
兴，大家都十分感激三娃。

cóng cǐ yáng jiā wā de yáng jiù bú zài diū shī le
从此，杨家洼的羊就不再丢失了。

jiā jiā yǎng de yáng yuè lái yuè duō qīng chén hé bàng wǎn dà
家家养的羊越来越多，清晨和傍晚，大

cǎo yuán shang yòu fàng mǎn le chéng qún de yáng yuǎn yuǎn wàng
草原上又放满了成群的羊。远远望

qu qiǎn lǜ sè de cǎo yuán shang xiàng kāi fàng zhe wú shù duǒ
去，浅绿色的草原上像开放着无数朵

bái sè de huā

白色的花。

lǎo nián rén de gù shi yòu jiǎng kai le gū niang men de xiào

老年人的故事又讲开了，姑娘们的笑

shēng yòu xiǎng qi le hái zi men yòu nào teng qi lai le xiǎo huǒ

声又响起了，孩子们又闹腾起来了，小伙

zi men de shān gē yòu zài cǎo yuán de shàng kōng piāo dàng le

子们的山歌又在草原的上空飘荡了。

阅读指导

同学们的学校举行过运动会吗？都有哪些项目？你参加过哪些呢？

这是一个关于动物运动会的故事，故事的主人公是小熊和小猪。胖胖的小熊报名跑步比赛后就一直勤学苦练，想要取得一个好成绩。在他的鼓励下，胆怯的小猪也决定勇敢地尝试，同样报名了跑步比赛。最终冠军花落谁家？只给冠军照相的记者猴大哥为什么给小熊、小猪和小驴拍了合照？你最喜欢哪个角色？谈谈自己的看法。

dà jiǎng zhāng
大 奖 章

tiān kōng méi you yì duǒ yún cai lán lán de xiàng yí
天空，没有一朵云彩，蓝蓝的，像一
piàn hěn lán hěn lán de dà hǎi
片很蓝很蓝的大海。

sēn lín li yì tóu xiǎo xióng yòng yě téng xì le yí kuài
森林里，一头小熊用野藤系了一块
shù pí liǎng tóu diào zài liǎng gēn zhú zi shang zuò chéng yí jià qiū
树皮，两头吊在两根竹子上，做成一架秋
qiān tā yǒng gǎn de zhàn shang qu shǐ jìn de dēng zhe qiū qiān
千。他勇敢地站上去，使劲地蹬着，秋千
biàn dàng qi lai le
便荡起来了。

yì zhī xiǎo zhū zǒu guo jiàn xiǎo xióng wán de hěn gāo xìng
一只小猪走过，见小熊玩得很高兴，
biàn zhàn zài biān shang yǎn bā bā de wàng zhe
便站在边上，眼巴巴地望着。

xiǎo xióng jiù zhāo hu tā shuō xiǎo zhū nǐ yě shàng lai
小熊就招呼他说：“小猪，你也上来，
hǎo bù hǎo
好不好？”

suī rán xiǎo zhū yě hěn xiǎng dàng qiū qiān dàn shì tā dǎn zi
虽然小猪也很想荡秋千，但是他胆子

xiǎo dòngdong zuǐ ba shuō wǒ wǒ hài pà
小，动动嘴巴，说：“我……我害怕……”

xiǎo xióng bǎ qiū qiān tíng xia shuō wǒ men yì qǐ wán
小熊把秋千停下，说：“我们一起玩，
bāo nǐ bú hài pà
包你不害怕！”

xiǎo zhū gǔ qi le yǒng qì zǒu guo qu xiǎo xióng shuō le
小猪鼓起了勇气，走过去。小熊说了
shēng lái xiǎo zhū chéng shì tiào le shàng qù
声：“来！”小猪乘势跳了上去。

xiǎo xióng hé xiǎo zhū yì qǐ dàng qiū qiān tā men bǎ qiū qiān
小熊和小猪一起荡秋千，他们把秋千
dàng de hěn gāo hěn gāo wán de hěn gāo xìng
荡得很高很高，玩得很高兴。

zhè shí hou yuǎn chù shān pō wān wān qū qū de xiǎo lù
这时候，远处山坡弯弯曲曲的小路
shang hóu dà gē jià shǐ zhe yí liàng mó tuō chē guò lai le
上，猴大哥驾驶着一辆摩托车过来了。
tā kàn jiàn xiǎo xióng hé xiǎo zhū jiù dà shēng shuō gào su
他看见小熊和小猪，就大声说：“告诉
nǐ men yí gè hǎo xiāo xi zán men sēn lín yào kāi yùn dòng huì
你们一个好消息，咱们森林要开运动会
le nǐ men dōu cān jiā ba
了，你们都参加吧！”

yòu yào kāi yùn dòng huì la xiǎo xióng hé xiǎo zhū cóng
“又要开运动会啦？”小熊和小猪从
qiū qiān shang xià lai tīng hóu dà gē shuō huà
秋千上下来，听猴大哥说话。

shì ya xiǎo xióng xiǎo zhū nǐ men kuài liàn lian zhǔn
“是呀！小熊，小猪，你们快练练，准

bèi zhǔn bèi ba rè xīn ér yòu máng lù de hóu dà gē méi
备准备吧！”热心而又忙碌的猴大哥，没
you gēn tā men duō shuō shén me tā hái yào dào bié chù qù bào gào
有跟他们多说什么，他还要到别处去报告
zhè ge hǎo xiāo xi ne
这个好消息呢！

hóu dà gē zǒu le xiǎo zhū xiǎng le yí huìr wèn xiǎo
猴大哥走了。小猪想了一会儿，问小
xióng nǐ shuō wǒ néng cān jiā yùn dòng huì ma
熊：“你说我能参加运动会吗？”

xiǎo xióng háo bù yóu yù de gào su tā dāng rán néng la
小熊毫不犹豫地告诉他：“当然能啦！”

xiǎo zhū tīng le hěn kāi xīn yǒu xiē yuè yuè yù shì dàn
小猪听了很开心，有些跃跃欲试，但
yòu yǒu xiē dǎn qiè duì zì jǐ méi you xìn xīn
又有些胆怯，对自己没有信心。

jǐ tiān hòu zài shān jiǎo de huā péng dǐ xia yùn dòng huì
几天后，在山脚的花棚底下，运动会
de gōng zuò rén yuán dà xiàng dài zhe yí fù yǎn jìng miàn qián de
的工作人员大象戴着一副眼镜，面前的
zhuō shang fàng zhe běn bào míng bù yì běn zhèng jīng de xuān bù
桌上放着本报名簿，一本正经地宣布：
kāi shǐ bào míng le
“开始报名了！”

dà jiā pái qi cháng cháng de duì wu yī cì dào dà xiàng
大家排起长长的队伍，依次到大象
miàn qián lái bào míng
面前来报名。

zhè cì yùn dòng huì de bǐ sài xiàng mù kě zhēn duō ya yǒu
这次运动会的比赛项目可真多呀！有

tiào gāo yǒu tiào yuǎn yǒu qiān qiú yǒu biāo qiāng yǒu zú qiú
跳高，有跳远，有铅球，有标枪，有足球，

yǒu pái qiú yǒu píng héng mù yǒu gāo dī gàng yǒu yóu yǒng yǒu
有排球，有平衡木，有高低杠，有游泳，有

sài pǎo
赛跑……

hóu dà gē zì rán bǐ dà jiā dōu xiāo xi líng tōng tā lüè
猴大哥自然比大家都消息灵通，他略

dài shén mì de xiàng dà jiā tòu lù zhè cì bǐ sài de jiǎng zhāng
带神秘地向大家透露：“这次比赛的奖章

hěn dà hěn dà bǐ qián jǐ cì yùn dòng
很大很大，比前几次运动

huì de jiǎng zhāng dōu dà
会的奖章都大！”

dà jiā tīng le dōu xīng fèn jí
大家听了都兴奋极

le shéi dōu xī wàng zì
了，谁都希望自

jǐ néng dé dào zhè yàng de
己能得到这样的

dà jiǎng zhāng
大奖章。

xiǎo lù hé xiǎo gǒu bào míng tiào gāo bǐ sài xiǎo tù hé xiǎo
小鹿和小狗报名跳高比赛，小兔和小
māo bào míng tiào yuǎn bǐ sài qīng wā hé wū guī bào míng yóu yǒng bǐ
猫报名跳远比赛，青蛙和乌龟报名游泳比
sài hái yǒu xiǎo mǎ xiǎo hǔ xiǎo shī zi sēn lín li de
赛，还有小马、小虎、小狮子……森林里的
dà xiǎo dòng wù men fēn fēn dōu bào míng le
大小动物们纷纷都报名了。

lún dào xiǎo xióng hé xiǎo zhū le dà xiàng guān qiè de wèn
轮到小熊和小猪了。大象关切地问
tā men nǐ men xiǎng cān jiā shén me xiàng mù
他们：“你们想参加什么项目？”

xiǎo xióng shuō wǒ cān jiā sài pǎo ba
小熊说：“我参加赛跑吧！”

xiǎo zhū náo nao tóu jiē jiē bā bā de duì xiǎo xióng shuō
小猪挠挠头，结结巴巴地对小熊说：
wǒ shén me yě bú huì wǒ cān jiā shén me ne
“我什么也不会，我参加什么呢？”

xiǎo xióng shuō nǐ yě cān jiā sài pǎo hǎo bù hǎo
小熊说：“你也参加赛跑，好不好？”

hǎo xiǎo zhū ná bú dìng zhǔ yi zhǐ hǎo qīng qīng
“好……”小猪拿不定主意，只好轻轻
de diǎn dian tóu
地点点头。

dà xiàng zài bào míng bù shang rèn zhēn de dēng jì le tā liǎ
大象在报名簿上认真地登记了他俩
de míng zi hé bào míng de xiàng mù
的名字和报名的项目。

xī xī zài yì páng kàn rè nao de hú li dà
“嘻嘻……”在一旁看热闹的狐狸大

shēng guài xiào qi lai liǎng gè pàng dōng xi yě yào cān jiā sài pǎo
声怪笑起来，“两个胖东西也要参加赛跑，

hǎo xiào zhēn hǎo xiào
好笑，真好笑！”

xiǎo xióng dǎ duàn hú li de xiào shēng shuō wǒ men suī
小熊打断狐狸的笑声，说：“我们虽

rán pàng pǎo bú kuài dàn shì wǒ men huì nǔ lì liàn xí de
然胖，跑不快，但是我们会努力练习的！”

hú li yǒu xiē gān gà de shàn xiào zhe tā hū rán jiào qi
狐狸有些尴尬地讪笑着，他忽然叫起

lai qiáo shéi lái le
来：“瞧，谁来了？”

cóng yuǎn chù dà yáo dà bǎi zǒu lai de shì xiǎo lǘ xiǎo
从远处大摇大摆走来的是小驴。小

lǘ xiōng qián guà zhe yì méi jīn guāng zhèng liàng de jiǎng zhāng zhè jiǎng
驴胸前挂着一枚金光铮亮的奖章。这奖

zhāng shì shàng jiè yùn dòng huì de xiǎo lǘ zài shàng jiè yùn dòng huì
章是上届运动会的。小驴在上届运动会

cān jiā sài pǎo dé le guàn jūn cóng cǐ tiān tiān bǎ jiǎng zhāng guà
参加赛跑，得了冠军，从此天天把奖章挂

zài xiōng qián shén qi huó xiàn de zǒu lái zǒu qù dà jiā jiào tā
在胸前，神气活现地走来走去。大家叫他

lǘ guàn jūn tā suī rán zuǐ shang bù shuō dàn shì xīn li zǎo
“驴冠军”，他虽然嘴上不说，但是心里早

jiù lè kāi le huā
就乐开了花。

tā xiàng dà xiàng zǒu lai hú li gēn zài tā shēn hòu jiào
他向大象走来，狐狸跟在他身后，叫

zhe dà jiā ràng kai ràng kai lǘ guàn jūn lái bào míng le
着：“大家让开，让开，驴冠军来报名了！”

大象问小驴参加什么比赛，他看也不看大象一眼，说：“我当然报名参加赛跑哇！”

大象给他写上名字，他就背着手仰着头走了。

狐狸跟上去说：“这回你要得一个大奖章啦！听说这奖章比你胸前挂的这枚要大得多呢！”

小驴问他一句：“你知道今年参加赛跑的还有谁吗？”

狐狸用讥笑的口气说：“有小熊，还有小猪……”

小驴冷冷地说：“这回比赛没意思，对手太差！”

狐狸走到小驴面前说：“驴冠军，我看

zhè huí bǐ bù bǐ dōu yí yàng fǎn zhèng zhè dà jiǎng zhāng yǐ jīng shì
这回比不比都一样，反正这大奖章已经是
shǔ yú nín de le
属于您的了！”

xiǎo lǘ tīng de kāi huái dà xiào shuō duì duì bǐ
小驴听得开怀大笑，说：“对，对，比
bù bǐ dōu yí yàng le
不比都一样了！”

cóng cǐ xiǎo lǘ bú zài liàn xí pǎo bù tiān tiān hé hú
从此，小驴不再练习跑步，天天和狐
li hùn zài yì qǐ zài sēn lín li lǎn yáng yáng de yóu dàng
狸混在一起，在森林里懒洋洋地游荡。

xiǎo xióng ne yí dà zǎo sēn lín hái jìn zài yí piàn bái
小熊呢？一大早，森林还浸在一片白
máng máng de chén wù li xiǎo niǎo hái méi you qǐ lai chàng gē tā
茫茫的晨雾里，小鸟还没有起来唱歌，他
jiù qǐ chuáng le zài qí qū de shān lù shang shàng shàng xià xià
就起床了，在崎岖的山路上上上下下
de pǎo zhe
地跑着。

tā kàn kan xiǎo zhū hái méi you lái gǎn jǐn qù bǎ xiǎo zhū
他看看小猪还没有来，赶紧去把小猪
jiào xǐng xiǎo zhū róu rou yǎn jing gēn zhe xiǎo xióng zài shān pō
叫醒。小猪揉揉眼睛，跟着小熊在山坡
shang pǎo qi lai
上跑起来。

hóu dà gē qǐ de yě hěn zǎo tā qí zhe mó tuō chē jīng
猴大哥起得也很早，他骑着摩托车经
guò rè xīn de gǔ lì tā men xiǎo xióng xiǎo zhū hǎo yàng
过，热心地鼓励他们：“小熊，小猪，好样

的，要好好地练习呀！”

小猪虽然跟着小熊练习，但对自己没信心。他低着头说：“有驴冠军参加，恐怕我练一年也追不上他……”

小熊坚定地对小猪说：“小猪，我们要练，一年不行就两年，两年不行就三年……我们坚持练下去，总是会有进步的！”

“小熊说得对。只要用心练就一定行——你们快练吧！”猴大哥倒似乎很有信心，朝他们伸出大拇指，然后骑着车到别处去了。

前方不远处，小驴穿着运动衫，挂着金色奖章，在山路上摆了个起跑的姿势，原来他正在让狐狸画画像呢！

狐狸手拿画笔，在画板上得意地画着。

hóu dà gē jīng guò tā men shēn páng hǎo xīn tí xǐng xiǎo lǘ
猴大哥经过他们身旁，好心提醒小驴：
xiǎo lǘ nǐ yě yào liàn lian qù ya xiǎo xióng hé xiǎo zhū dōu zài
“小驴，你也要练练去呀，小熊和小猪都在
liàn xí ne
练习呢！”

xiǎo lǘ dòng yě bú dòng qīng miè de shuō tā men na
小驴动也不动，轻蔑地说：“他们哪，
wǒ kàn liàn shí nián yě méi you yòng hng
我看练十年也没有用！哼！”

nǐ ya hóu dà gē yáo yao tóu zǒu le
“你呀……”猴大哥摇摇头，走了。

jiù zhè yàng bú lùn guā fēng xià yǔ měi tiān yí dà zǎo
就这样，不论刮风下雨，每天一大早，
xiǎo xióng dōu dào shān pō shang lái pǎo bù
小熊都到山坡上来跑步。

xiǎo zhū jiàn xiǎo xióng nà yàng qín xué kǔ liàn yě jiān chí chū
小猪见小熊那样勤学苦练，也坚持出
lai gēn zhe liàn kě shì tā yì zhí duì zì jǐ méi xìn xīn yǒu
来跟着练。可是他一直对自己没信心，有
shí hou hěn qǐ jìn yǒu shí hou yòu yǒu xiē xiè qì xiǎo xióng zǒng
时候很起劲，有时候又有些泄气，小熊总
shì nài xīn de gǔ lì tā
是耐心地鼓励他。

tài yang cóng dōng fāng shēng qi dào xī fāng luò xia yuè liang
太阳从东方升起，到西方落下；月亮
cóng dōng fāng shēng qi dào xī fāng luò xia rì zi guò de zhēn
从东方升起，到西方落下。日子过得真
kuài zhuǎn yǎn jiù dào le sēn lín yùn dòng huì kāi mù de rì zi
快，转眼就到了森林运动会开幕的日子。

shān shang shān xià yì pái pái cǎi qí yíng fēng piāo yáng
山上山下，一排排彩旗迎风飘扬。

hóu zi chuī qi le cháng hào xiǎng chè zhěng gè sēn lín xiǎo tù
猴子吹起了长号，响彻整个森林。小兔

zi men dǎ ban de xiàng guò jié yí yàng ná zhe yí shù shù xiān huā
子们打扮得像过节一样，拿着一束束鲜花，

tiào qi le wǔ sēn lín li lǎo lǎo xiǎo xiǎo dōu chū lai kàn rè
跳起了舞。森林里，老老小小都出来看热

nao le
闹了。

yùn dòng huì de bǐ sài xiàng mù zài shān shàng shān xià tóng
运动会的比赛项目，在山上山下同

shí jìn xíng zhe
时进行着。

xiǎo lù yí zòng shēn tiào guo le hěn gāo de mù mǎ
小鹿一纵身，跳过了很高的木马。

xiān hè zài píng héng mù shang zuò zhe tǐ cāo
仙鹤在平衡木上做着体操。

qīng wā cóng gāo gāo de tiào shuǐ tái shang tiào xia lai biǎo yǎn
青蛙从高高的跳水台上跳下来，表演

yōu měi de tiào shuǐ dòng zuò
优美的跳水动作。

xiǎo lǎo hǔ jǔ zhe gēn zhú gān yuǎn yuǎn pǎo lai qīng qīng
小老虎举着根竹竿，远远跑来，轻轻

yì chēng tiào guo le jià zài cháng jǐng lù tóu dǐng shang de héng gān
一撑，跳过了架在长颈鹿头顶上的横竿。

xiǎo shī zi ná qi dì shang de qiān qiú xuán zhuǎn shēn tǐ
小狮子拿起地上的铅球，旋转身体，

xiàng qián fāng zhì qu qiān qiú xiàng yì zhī xiǎo niǎo qīng qiao de fēi chu qu
向前方掷去，铅球像一只小鸟轻巧地飞出去

好远。

猴大哥是运动会的记者，他挂着照相机，骑着摩托车，山上山下来来回回，报道各项比赛的成绩。

山坡上，赛跑项目开始了。大象是裁判员，他站在起跑线上，吹吹哨子，大声宣布：“大家注意，赛跑运动员各就各位——”

小熊蹲在第一道的起跑线上，回头看看在第二道的小猪，只见小猪胆怯地缩着身子绷着脸，小熊大声说：“小猪，别紧张！”

大象举起信号枪，喊道：“预备——”

这时，小驴才慢吞吞地走过来，他胸前挂着那枚奖章，手上拎着一双跑鞋，

áng zhe tóu duì dà xiàngshuō děng yì děng
昂着头对大象说：“等一等！”

hóu dà gē còu dào xiǎo xióng hé xiǎo zhū de shēn biān xiǎo shēng
猴大哥凑到小熊和小猪的身边，小声

shuō nǐ men hǎo hǎo pǎo wǒ kàn xiǎo lǘ nà yàng zi tā zhǔn
说：“你们好好跑，我看小驴那样子，他准

diē gēn tou
跌跟头！”

xiǎo lǘ chuān hǎo pǎo xié dà xiàng jǔ qi xìn hào qiāng bā
小驴穿好跑鞋，大象举起信号枪，叭

de yì shēng qiāng xiǎng le
的一声枪响了。

xiǎo xióng tīng jiàn qiāng xiǎng cēng de yí xià pǎo le chū
小熊听见枪响，噌的一下跑了出

qù tā jīng guò zhè xiē rì zi de qín xué kǔ liàn pǎo de
去。他经过这些日子的勤学苦练，跑得

tǐng kuài ne
挺快呢！

xiǎo zhū tīng jiàn qiāngxiǎng yì shí jīng huāng yí pì gu zuò
小猪听见枪响，一时惊慌，一屁股坐

zài le dì shang páng biān de guān zhòng men jí de dà jiào kuài
在了地上。旁边的观众们急得大叫：“快

pǎo kuài pǎo tā huí guò shén lai gǎn jǐn pá qi lai xiàng qián
跑，快跑！”他回过神来，赶紧爬起来向前

pǎo qu
跑去。

xiǎo lǘ xié yǎn kàn zhe xiàng qián pǎo qu de xiǎo xióng hé xiǎo
小驴斜眼看着向前跑去的小熊和小

zhū bí zi li hēng le yī shēng lěng lěng de xiào zhe
猪，鼻子里哼了一声，冷冷地笑着。

猴大哥问他：“小驴，你为什么还不跑？”

小驴把头一晃，说：“让他们先跑一段路吧！”说着摸摸胸口挂着的奖章，好像这次比赛又是他稳拿第一。他看到猴大哥胸前的照相机，颐指气使地说：“哎，你给我拍张照片！”

猴大哥摆摆手：“这可不行，我只给第一名拍照。”说着，他又骑车赶到前面去了。

他驶过小熊和小猪的身边，告诉他们：“你们快跑，小驴还没有起跑呢！”

小熊和小猪点点头，努力地向前跑着。

这时候，小驴大叫一声：“我来了！”抬腿跑起来。

狐狸跟在他后边，一路叫着：“驴冠军

跑啦！驴冠军跑啦！”

观众们都既紧张又兴奋地喊着：“加油，加油！”

小熊和小猪越过了竹桥。小熊和小猪爬过了石堆。小熊和小猪跑着，跑着，跑着……

小猪听见观众在后面叫“驴冠军跑啦”，一阵紧张，感觉腿都软了，迈不动步子。

小熊见小猪落后了，回过身去，一个劲儿地鼓励小猪：“快跑，快跑！”

小驴很快赶上了他们，又很快超过了他们。小驴把小熊和小猪抛在后面，便站住脚，冷笑着说：“哼，没用的家伙，还要跟我比赛呢！”

xiǎo lǘ shuāng shǒu bào zài xiōng qián dé yì de kàn kan
小驴双手抱在胸前，得意地看看
guān zhòng men tā fǎng fú tīng jiàn guān zhòng men dōu zài chēng zàn
观众们，他仿佛听见观众们都在称赞
tā lǘ guàn jūn nián nián shì guàn jūn yǒng yuǎn shì guàn jūn
他：“驴冠军年年是冠军，永远是冠军，
liǎo bu qǐ
了不起！”

hū rán cóng yuǎn chù de zú qiú chǎng shang fēi guo lai yì
忽然，从远处的足球场上飞过来一
gè zú qiú xiǎo lǘ jiē guo qiú tiào guo yì pái ǎi shù lín lái
个足球。小驴接过球，跳过一排矮树林，来
dào zú qiú chǎng shang fēi qi yì jiǎo bǎ qiú měng de tī guo qu
到足球场上，飞起一脚把球猛地踢过去。
zhǔn de hěn qiú zhí zhí de fēi jin le duì fāng de qiú mén
准得很，球直直地飞进了对方的球门。

qiú chǎng li dùn shí nào le qǐ lái yǒu de shuō
球场里顿时闹了起来。有的说：
hǎo qiú yǒu de shuō zhè shì lǘ guàn jūn tī de
“好球！”有的说：“这是驴冠军踢的，
bù néng suàn
不能算！”

xiǎo lǘ bù lǐ huì qiú chǎng shang de zhēng chǎo zhuǎn shēn
小驴不理会球场上的争吵，转身
zǒu le gēn zài tā hòu miàn de hú li lán zhù tā shēn chu dà
走了。跟在他后面的狐狸拦住他，伸出大
mǔ zhǐ shuō lǘ guàn jūn nǐ zhè yì jiǎo tī de tài hǎo le
拇指说：“驴冠军，你这一脚踢得太好了！
lái wǒ gěi nǐ huà gè tī qiú de huà xiàng
来，我给你画个踢球的画像。”

hóu dà gē guò lai le pāi pai xiǎo lú shuō nǐ zěn me
猴大哥过来了，拍拍小驴说：“你怎么
zài zhè li
在这里？”

xiǎo lú duì tā shuō xiàn zài wǒ yǐ jīng pǎo zài qián miàn
小驴对他说：“现在，我已经跑在前面
le nǐ gāi gěi wǒ pāi zhào le ba
了，你该给我拍照了吧？”

hóu dà gē réng rán yáo yao tóu shuō xiǎo lú nǐ cái pǎo
猴大哥仍然摇摇头，说：“小驴，你才跑
le yí bàn lù shéi zhī dao nǐ zuì hòu shì bú shì dì yī míng ne
了一半路，谁知道你最后是不是第一名呢？”

xiǎo lú kàn zhe yuǎn qù de hóu dà gē shēng qì de shuō
小驴看着远去的猴大哥，生气地说：
děng huìr nǐ yào gěi wǒ pāi zhào wǒ hái bú ràng nǐ pāi ne
“等会儿你要给我拍照，我还不让你拍呢！”

hú li pěng zhe huà bǎn jì xù shuō lú guàn jūn hái
狐狸捧着画板，继续说：“驴冠军，还
shi ràng wǒ gěi nǐ huà gè xiàng ba gāng cái nǐ nà tī qiú de zī
是让我给你画个像吧，刚才你那踢球的姿
shì tài wán měi le
势太完美了！”

xiǎo lú zhěng zheng yī shang mō mo xiōng kǒu zhèng yào bǎi
小驴整整衣裳，摸摸胸口，正要摆
zī shì hū rán fā xiàn tā xiōng qián de nà méi jiǎng zhāng bú jiàn
姿势，忽然发现他胸前的那枚奖章不见
le zháo jí de jiào qi lai wǒ de jiǎng zhāng ne
了，着急地叫起来：“我的奖章呢？！”

jiǎng zhāng bú jiàn le kuài zhǎo hú li gǎn jǐn bāng
“奖章不见了，快找！”狐狸赶紧帮

xiǎo lǘ zài dì shang zhǎo jiǎng zhāng
小驴在地上找奖章。

tā men dī zhe tóu zài shí fèng li zài cǎo duī li dào
他们低着头，在石缝里，在草堆里，到
chù zhǎo yě méi zhǎo dào
处找也没找到。

hú li zhǐ zhi nà pái ǎi shù lín shuō gāng cái nǐ
狐狸指指那排矮树林，说：“刚才你
shì cóng zhè shàng miàn tiào guo lai de huì bú huì shì diào zài zhè
是从这上面跳过来的，会不会是掉在这
lǐ miàn le
里面了？”

yǒu kě néng xiǎo lǘ shuō zhe zuān jin le ǎi shù lín
“有可能。”小驴说着钻进了矮树林。
hú li yě gēn zhe zuān jin le ǎi shù lín
狐狸也跟着钻进了矮树林。

xiǎo lǘ hé hú li zài mì mì de ǎi shù lín
小驴和狐狸在密密的矮树林
li zhuàn lái zhuàn qù de zhǎo zhe
里转来转去地找着。

xiǎo xióng pǎo le guò qù hú li kàn
小熊跑了过去。狐狸看
jiàn le gào su xiǎo lǘ xiǎo xióng pǎo guo
见了，告诉小驴：“小熊跑过
qu le
去了。”

xiǎo lǘ zhuàn lái zhuàn
小驴转来转
qù hái zài zhǎo nà
去，还在找那

méi jiǎng zhāng
枚奖章。

xiǎo zhū yě pǎo le guò qù hú li kàn jiàn le gào su
小猪也跑了过去。狐狸看见了，告诉
xiǎo lǘ xiǎo zhū yě pǎo guo qu le
小驴：“小猪也跑过去了。”

xiǎo lǘ zhuàn lái zhuàn qù hái zài zhǎo nà méi jiǎng zhāng
小驴转来转去，还在找那枚奖章。

xiǎo xióng hé xiǎo zhū yǐ jīng pǎo guo qu hěn yuǎn le hú li
小熊和小猪已经跑过去很远了。狐狸
yě zháo jí le shuō lǘ guàn jūn jiǎng zhāng wǒ lái bāng nǐ
也着急了，说：“驴冠军，奖章我来帮你
zhǎo nǐ kuài pǎo ba
找，你快跑吧！”

xiǎo lǘ tái tóu yí kàn xiǎo xióng hé xiǎo zhū de shēn yǐng yuè
小驴抬头一看，小熊和小猪的身影越
lái yuè yuǎn tā yě zháo jí le shuō hǎo nǐ bāng wǒ zhǎo
来越远，他也着急了，说：“好，你帮我找，
wǒ qù chāo guò tā men
我去超过他们。”

xiǎo lǘ gǎn máng tái tuǐ pǎo āi yā bù xíng wěi ba
小驴赶忙抬腿跑。哎呀，不行，尾巴
gěi shù zhī gōu zhù le tā de wěi ba yòu dà yòu cháng gōu zài
给树枝钩住了！他的尾巴又大又长，钩在
shù zhī shang xiàng dǎ le hǎo duō gè sǐ jié zěn me dōu zhèng bù
树枝上像打了好多个死结，怎么都挣不
kāi zāo gāo tā yuè zhèng fǎn ér gōu de yuè jǐn
开。糟糕！他越挣，反而钩得越紧。

hú li dāi zhù le xiǎo lǘ mán yuàn tā dōu shì nǐ
狐狸呆住了。小驴埋怨他：“都是你，

nǐ kuài lái bāng wǒ jiě ya
你快来帮我解呀！”

hú li zhuǎn guò shēn lai bāng xiǎo lǘ jiě wěi ba kě shì
狐狸转过身来，帮小驴解尾巴，可是
jiě lái jiě qù dōu jiě bù kāi zāo gāo hú li de wěi ba yě
解来解去都解不开。糟糕，狐狸的尾巴也
gěi shù zhī gōu zhù le tā liǎ kùn zài le shù lín li shéi dōu
给树枝钩住了！他俩困在了树林里，谁都
chū bù lái le
出不来了。

xiǎo xióng fēi kuài de pǎo dào le shān gǎng shang wǎng shān xià
小熊飞快地跑到了山岗上，往山下
pǎo qu tā bù shí huí tóu hǎn xiǎo zhū kuài pǎo
跑去。他不时回头喊小猪：“快跑！”

xiǎo zhū pǎo dào shān gǎng de yí kuài dà shí tou shang wǎng shān
小猪跑到山岗的一块大石头上，往山
xià wàng qu shān lù nà me dǒu wa tā yòu huāng le
下望去。山路那么陡哇！他又慌了。

xiǎo lǘ jiě bù kāi wěi ba jí huài le tā rěn zhù tòng
小驴解不开尾巴，急坏了。他忍住痛，
yòng jìn quán shēn lì qi yí zhèng zhǔn bèi bǎ wěi ba lā duàn kě
用尽全身力气一挣，准备把尾巴拉断，可
shì wěi ba méi lā duàn què bǎ nà ǎi shù zhé xià yì zhī lai le
是尾巴没拉断，却把那矮树折下一枝来了。
tā shuǎi bú diào shù zhī zhǐ hǎo tuō zhe shù zhī pǎo le
他甩不掉树枝，只好拖着树枝跑了。

hú li ne tā pà tòng gèng shě bu de tā de dà wěi
狐狸呢，他怕痛，更舍不得他的大尾
ba zhǐ hǎo guāi guāi de dāi zài ǎi shù lín li wā wā jiào zhe
巴，只好乖乖地待在矮树林里，哇哇叫着，

kàn kan yǒu shéi néng qù bāng tā jiě kai
看看有谁能去帮他解开。

xiǎo lǘ wěi ba shang tuō zhe shù zhī bú dàn pǎo bú kuài yí
小驴尾巴上拖着树枝，不但跑不快，一
lù shang hái yí huìr gěi zhè bàn zhù le yí huìr gěi nà bàn
路上，还一会儿给这绊住了，一会儿给那绊
zhù le shuāi le hǎo jǐ jiāo tā yòu lèi yòu jí mǎn tóu dà hàn
住了，摔了好几跤。他又累又急，满头大汗，
hū hū chuǎn zhe cū qì hái shi zhuī bú shàng xiǎo xióng hé xiǎo zhū
呼呼喘着粗气，还是追不上小熊和小猪。

xiǎo zhū tīng jiàn guān zhòng hǎn xiǎo lǘ zhuī lai le tā
小猪听见观众喊“小驴追来了”，他
xīn li yì jīng dǎ le gè lěng zhan shēn zi yì wāi cóng dà shí
心里一惊，打了个冷战，身子一歪，从大石
tou shang zāi xia lai wǎng shān xià gǔn qu le
头上栽下来，往山下滚去了。

zhè gǔn qi lai kě bǐ pǎo yào kuài de duō xiǎo zhū yì
这滚起来可比跑要快得多。小猪一
tóu zhuàng zài qián miàn de xiǎo xióng shēn shang bǎ xiǎo xióng yě zhuàng
头撞在前面的小熊身上，把小熊也撞
dǎo le
倒了。

xiǎo xióng pá qi lai jiàn shì xiǎo zhū lián máng wèn nǐ
小熊爬起来，见是小猪，连忙问：“你
zěn me yàng
怎么样？”

xiǎo zhū yòu jīng yòu téng āi yō āi yō bú zhù
小猪又惊又疼，“哎哟，哎哟”不住
de jiào
地叫。

xiǎo xióng jiàn xiǎo zhū shòu shāng le jiù bǎ tā fú qi lai
小熊见小猪受伤了，就把他扶起来，
bēi zhe tā wǎng shān xià pǎo qu
背着他往山下跑去。

xiǎo xióng bēi zhe xiǎo zhū wǎng shān xià pǎo
小熊背着小猪，往山下跑。

xiǎo lú tuō zhe shù zhī zài hòu miàn pǎo
小驴拖着树枝，在后面跑。

zhè yì chǎng bǐ sài zhēn jīng cǎi guān zhòng men xīng fèn de
这一场比赛真精彩！观众们兴奋地
dà hǎn jiā yóu jiā yóu
大喊：“加油，加油！”

shān jiǎo yì tiáo bái sè zhōng diǎn xiàn xì zài fēn bié zhàn zài
山脚，一条白色终点线系在分别站在
lù liǎng páng de liǎng zhī shān yáng de jiǎo shang hóu dà gē zài zhōng
路两旁的两只山羊的角上。猴大哥在终
diǎn xiàn de páng biān jià qi le zhào xiàng jī yào qiǎng pāi dì yī míng
点线的旁边架起了照相机，要抢拍第一名
guò xiàn de jīng cǎi jìng tóu
过线的精彩镜头。

xiǎo xióng bēi zhe xiǎo zhū xiàng yí zhèn fēng shì de chōng guo le
小熊背着小猪像一阵风似的冲过了
zhōng diǎn xiàn ér xiǎo lú hái zài hòu miàn ne
终点线，而小驴还在后面呢！

yì qún xiǎo tù zi yōng xiàng xiǎo xióng bǎ yí shù shù xiān huā dì
一群小兔子拥向小熊，把一束束鲜花递
gěi tā guān zhòng men bǎ xiǎo xióng wéi qi lai rè liè de gǔ zhe zhǎng
给他。观众们把小熊围起来热烈地鼓着掌。
xiǎo xióng hé dà jiā wò shǒu huī zhe xiān huā xiàng dà jiā zhì xiè
小熊和大家握手，挥着鲜花向大家致谢。

dà xiàng bǎ yì méi jīn sè de dà jiǎng zhāng guà zài xiǎo xióng
大象把一枚金色的大奖章挂在小熊
de xiōng qián zhè méi dà jiǎng zhāng yǒu kuí huā nà me dà zhēn
的胸前。这枚大奖章，有葵花那么大，真
hǎo kàn tā zài yáng guāng xià shǎn liàng shǎn liàng sì hū gěi zhěng
好看！它在阳光下闪亮闪亮，似乎给整
gè sēn lín dōu zēng tiān le guāng cǎi
个森林都增添了光彩。

hóu dà gē yào gěi xiǎo xióng pāi zhào xiǎo xióng shuō hé
猴大哥要给小熊拍照。小熊说："和
xiǎo zhū yí kuàir zhào ba
小猪一块儿照吧！"

yùn dòng huì de yī liáo duì yǐ jīng bǎ xiǎo zhū tuǐ shang de
运动会的医疗队，已经把小猪腿上的
shāng bāo zā le qǐ lái xiǎo zhū bù hǎo yì si de zǒu dào xiǎo xióng
伤包扎了起来。小猪不好意思地走到小熊
shēn biān xiǎo xióng qīn rè de lā zhe tā
身边，小熊亲热地拉着他。

hóu dà gē zhèng yào àn kuài mén xiǎo xióng yòu jiào qi lai
猴大哥正要按快门，小熊又叫起来：
hái yǒu xiǎo lǘ ne bǎ tā zhǎo lái yí kuàir pāi ba
"还有小驴呢，把他找来一块儿拍吧！"

dà jiā dào chù zhǎo xiǎo lǘ yì zhī xiǎo tù zi zhǐ zhe yì
大家到处找小驴，一只小兔子指着一
kē dà shù de bèi hòu shuō nuò tā zài nà li ne
棵大树的背后说："喏，他在那里呢。"

zhǐ jiàn xiǎo lǘ duǒ zài dà shù de hòu miàn gāng bǎ chán zài
只见小驴躲在大树的后面，刚把缠在
wěi ba shang de shù zhī jiě kai tā hóng zhe liǎn xiǎng liū zǒu
尾巴上的树枝解开。他红着脸想溜走。

hóu dà gē guò qu yì bǎ jiāng tā lā guo lai shuō xiǎo
猴大哥过去一把将他拉过来，说：“小
lǘ jì zhù zhè cì jiào xun yǐ hòu bié zài jiāo ào jiù hǎo
驴，记住这次教训，以后别再骄傲就好。”

xiǎo lǘ dī xia le tóu hóng zhe liǎn bù shuō huà hóu dà
小驴低下了头，红着脸不说话。猴大
gē shuō bù yào huī xīn gǎi zhèng quē diǎn wǎng hòu hǎo hǎo nǔ
哥说：“不要灰心，改正缺点，往后好好努
lì hái kě yǐ zài dé guàn jūn
力，还可以再得冠军。”

xiǎo lǘ màn màn tái qi le tóu xiǎo xióng hé xiǎo zhū guò lai
小驴慢慢抬起了头。小熊和小猪过来
wǎn zhù tā shuō zán men yí kuàir pāi zhào ba
挽住他，说：“咱们一块儿拍照吧！”

xiǎo xióng xiōng qián guà zhe dà jiǎng zhāng zhàn zài zhōng jiān
小熊胸前挂着大奖章，站在中间，
yì biān zhàn zhe xiǎo zhū yì biān zhàn zhe xiǎo lǘ sān rén qīn rè
一边站着小猪，一边站着小驴，三人亲热
de zhàn zài yì qǐ
地站在一起。

kā chā yì shēng hóu dà gē àn xia le kuài mén
“咔嚓”一声，猴大哥按下了快门。

zhè zhāng zhào piàn pāi de hěn hǎo dēng zǎi zài dàng tiān bào zhǐ
这张照片拍得很好，登载在当天报纸
de tóu bǎn shang
的头版上。

zhào piàn li xiǎo xióng zài xiào xiǎo zhū zài xiào xiǎo lǘ
照片里，小熊在笑，小猪在笑，小驴
zài xiào nà méi dà jiǎng zhāng yě zài xiào
在笑，那枚大奖章也在笑。

阅读指导

有一头小棕猪，他一开口，就是“比，比，比，比”，因此，大伙儿就叫他“棕猪比比”。

棕猪比比长大了，开始找工作。首先，他决定要做一个歌唱家，被黄莺团长拒绝了；后来，他决定做一个运动员，先后尝试了赛跑、跳高、游泳项目，结果还是被一一拒绝；最后，他想做一名厨师，结果依然被拒绝。这到底是怎么回事呢？

读完故事，说一说，从棕猪比比的经历中我们应该懂得什么道理。

棕猪比比

比猢狲还胖

小棕猪长大了。

使小棕猪不高兴的是，自己瘦得皮包骨。要知道，他们猪类向来以肥胖为体面，认为生得瘦骨嶙峋是很不光彩的。

有一天，他遇见猪族里的一位长辈。那位长辈见了他，就关切地说：“啊，小棕猪你可真瘦哇，快瘦得像只猢狲了！”

小棕猪一听，心里想了想，急忙问：“我没有猢狲那么瘦吧？”

这位长辈纯是为了安慰他，说：“你

bǐ hú sūn yào pàng yì xiē ne
比猢狲要胖一些呢！”

xiǎo zōng zhū tīng le zhè huà xīn li biàn lè kāi le huā
小棕猪听了这话，心里便乐开了花，
tā měi zī zī de xiǎng wǒ bǐ hú sūn pàng yì xiē zhè me liǎo
他美滋滋地想：我比猢狲胖一些，这么了
bu qǐ hú sūn shì jiè shang nà me duō hú sūn tā men dōu
不起！猢狲，世界上那么多猢狲，他们都
bǐ wǒ shòu ne wǒ bǐ tā men dōu pàng ne
比我瘦呢，我比他们都胖呢！

tā zài yě bú fàn chóu le fán shì shéi shuō tā shòu tā
他再也不犯愁了。凡是谁说他瘦，他
jiù lì kè huán zuǐ lǐ zhí qì zhuàng de shuō wǒ bǐ hú sūn
就立刻还嘴，理直气壮地说：“我比猢狲
dōu pàng ne
都胖呢！”

màn màn de shéi yě bú zài qù shuō tā pàng hái shi shòu
慢慢地，谁也不再去说他胖还是瘦

le kě tā ne bú lùn jiàn le shéi zǒng shì qiǎng xiān shuō
了。可他呢，不论见了谁，总是抢先说：

wǒ bǐ wǒ bǐ
“我比……我比……”

yīn wei tā yì kāi kǒu jiù shì bǐ bǐ
因为他一开口，就是“比，比……”，

suǒ yǐ dà huǒr jiù jiào tā zōng zhū bǐ bi bǐ bi
所以大伙儿就叫他“棕猪比比”。“比比”

chéng le tā de míng zi le
成了他的名字了。

jiào tā bǐ bi tā hěn mǎn yì ne tā shuō bǐ
叫他“比比”，他很满意呢。他说：“比

bi jiù bǐ bi bǐ ma bǐ ma wǒ shì bǐ hú sūn pàng ma
比就比比，比嘛，比嘛，我是比猢狲胖嘛！”

bǐ wū yā chàng de hǎo tīng
比乌鸦唱得好听

zōng zhū bǐ bi zhǎng dà le gāi zuò xiē shén me ne shǒu
棕猪比比长大了，该做些什么呢？首

xiān tā jué dìng yào zuò yí gè gē chàng jiā
先，他决定要做一个歌唱家。

tā xiǎng gē chàng jiā cháng cháng dēng tái gěi dà huǒr yǎn
他想：歌唱家常常登台给大伙儿演

chàng tái dǐ xia chéng qiān shàng wàn shuāng yǎn jing zhù shì tā
唱。台底下，成千上万双眼睛注视他

de biǎo yǎn chéng qiān shàng wàn duì ěr duo líng tīng tā de gē shēng
的表演，成千上万对耳朵聆听他的歌声。

gē chàng jiā yí chàng wán dà huǒr máng zhe huān hū gǔ zhǎng
歌唱家一唱完，大伙儿忙着欢呼、鼓掌，

要求“再来一首”。这多神气呀！

他曾经到森林乐团去找过乐团的团长黄莺，希望乐团能够录用他。黄莺团长说：“好哇，不过要先考一考你呢！”

棕猪比比唱了一段，黄莺团长摇晃着头，说：“你还得好好练练才行啊！”

森林乐团没有录用棕猪比比，棕猪比比很生气。不过，他很快又快活起来了。

因为他们的森林里，举行了一个鸟类音乐会。其中，有一个节目是乌鸦独唱。

乌鸦的嗓音沙哑，歌声低沉，像一个濒死的老人在声嘶力竭地哭泣、号叫。他没有唱几句，台下的听众就喝起倒彩来，把他轰下台来了。

棕猪比比正站在台前，在他后面站

着的灰狐狸笑眯眯地摸摸他的头，对大伙儿说：“就是让我们的棕猪比比去唱，也比乌鸦唱得要好听呢！”

其实这句话并不是说他唱得好，而是说他唱得也够糟的，可是棕猪比比牢牢记下了这句话。他兴致勃勃地想着：我比乌鸦唱得好，这么了不起！乌鸦，世界上那么多乌鸦，他们都比我唱得差呢！我比他们都唱得好呢！

虽然森林乐团没有录用他，但是他觉得那是黄莺团长没有真正了解他的歌唱才能。

好吧，不做歌唱家，又有什么大不了呢！天下可做的事多着呢！就改做别的吧！

比乌龟跑得快

一天，棕猪比比看到路旁的一块大岩石上，贴着一张动物体育馆公告：动物体育馆要招跑步、跳高、游泳的运动员啦。

棕猪比比想：做个运动员，可不坏呀！运动员比赛结束去领奖那会儿，多叫大家羡慕哇！金光灿灿的奖章挂在胸前，成束成束的鲜花，从四面八方献来。许多新闻记者包围着运动员，请他发表谈话，给他拍照片。这多神气呀！

此刻，棕猪比比到动物体育馆去报考了。

他先找到跑步教练黄斑马，他想做跑步运动员。

jì de yǒu yì huí tā zài jiā li xiā táo qì chǎo de
记得有一回，他在家里瞎淘气，吵得

mā ma xīn fán mào huǒ yào ná gùn zi zòu tā
妈妈心烦冒火要拿棍子揍他。

tā jiù cóng jiā li pǎo chu qu le mā ma méi you qù
他就从家里跑出去了。妈妈没有去

zhuī tā
追他。

tā dú zì pǎo zhe pǎo chu qu hěn yuǎn zhèng xīn li
他独自跑着，跑出去很远，正心里

mèn de huang yù jiàn le yì zhī wū guī tā yí kàn zhè wū
闷得慌，遇见了一只乌龟。他一看，这乌

guī lǎo tài lóng zhōng nián suì hěn dà tā xiǎng nà cì cān jiā
龟老态龙钟，年岁很大。他想，那次参加

guī tù sài pǎo de kě néng jiù shì tā ba
“龟兔赛跑”的，可能就是他吧！

dàn shì zhè wū guī yì kǒu fǒu rèn shuō cān jiā guī tù
但是这乌龟一口否认，说参加“龟兔

sài pǎo de shì tā de yé ye
赛跑”的是他的爷爷。

yé ye jiù yé ye ba zōng zhū bǐ bi yí dìng yào zhè wèi
爷爷就爷爷吧，棕猪比比一定要这位

lǎo wū guī gēn tā lái yí cì bǐ sài tā tiǎo xìn de shuō zán
老乌龟跟他来一次比赛。他挑衅地说：“咱

men bǐ yí cì ba nǐ shì cān jiā guī tù sài pǎo de wū guī
们比一次吧！你是参加‘龟兔赛跑’的乌龟

de sūn zi nà cì sài pǎo shì nǐ yé ye dé le dì yī ná
的孙子，那次赛跑是你爷爷得了第一，拿

xia jīn pái bèi xiě jin le shū běn li zhè shì quán shì jiè méi
下金牌，被写进了书本里。这是全世界没

you shéi bù zhī dao de shì nǐ men guī jiā zú shǐ li zuì guāng róng
有谁不知道的，是你们龟家族史里最光荣
de yì zhāng lái lái bǐ yí cì ba ràng rén zài lái xiě piān
的一章。来，来比一次吧！让人再来写篇
guī zhū sài pǎo de gù shi ba
'龟猪赛跑'的故事吧！"

kě shì wū guī réng shì bù kěn bǐ shuō nà cì bǐ
可是乌龟仍是不肯比，说："那次比
sài bìng fēi shì wǒ yé ye pǎo de kuài ér shì nà tù zi bù
赛，并非是我爷爷跑得快，而是那兔子不
zhēng qì tā zài bàn lù shang shuì zháo le shū shang nà gù shi
争气，他在半路上睡着了。书上那故事，
bú shì biǎo yáng wǒ yé ye de ér shì pī píng nà tù zi de
不是表扬我爷爷的，而是批评那兔子的。"

zōng zhū bǐ bi hái sǐ lài zhe yìng yào wū guī gēn tā bǐ
棕猪比比还死赖着硬要乌龟跟他比。
tā shuō bù guǎn zěn me jiǎng nǐ yé ye zǒng guī shì hé tù zi
他说："不管怎么讲，你爷爷总归是和兔子
sài pǎo le nǐ wèi shén me bù hé wǒ bǐ ne
赛跑了。你为什么不和我比呢？"

wū guī méi you bàn fǎ xiàng tā jiě shì zài shuō xiàn
乌龟没有办法，向他解释："再说，现
zài wǒ nián jì dà le lǎo le yě pǎo bú dòng le
在我年纪大了，老了，也跑不动了。"

zōng zhū bǐ bi jué de zhè zhī wū guī zhēn shi gè hú tu
棕猪比比觉得这只乌龟真是个糊涂
chóng jìng rán jiǎng chū zhè děng kě xiào de huà lai jiù shuō nǐ
虫，竟然讲出这等可笑的话来，就说："你
shuō nǐ nián jì dà le lǎo le nà nǐ yé ye bú shì gèng lǎo
说，你年纪大了，老了，那你爷爷不是更老

ma tā zěn me hái néng hé tù zi sài pǎo ne
吗？他怎么还能和兔子赛跑呢？”

wū guī tīng tā shuō chu zhè yàng de shǎ huà tǎo yàn de bù
乌龟听他说出这样的傻话，讨厌得不
xiǎng zài gēn tā jiū chán xia qu jiù qì hū hū de shuō jiù suàn
想再跟他纠缠下去，就气呼呼地说：“就算
wǒ gēn nǐ bǐ guo le wǒ bǐ bú guò nǐ xíng le ba
我跟你比过了，我比不过你，行了吧？”

wū guī diào guo tóu bù yú kuài de zǒu le
乌龟掉过头，不愉快地走了。

zōng zhū bǐ bi bǎ wū guī de zhè jù huà jì zhù le tā
棕猪比比把乌龟的这句话记住了。他
gāo xìng de xiǎng zhe wǒ bǐ wū guī pǎo de kuài zhè me liǎo bu
高兴地想着：我比乌龟跑得快，这么了不
qǐ wū guī shì jiè shang nà me duō wū guī tā men dōu bǐ
起！乌龟，世界上那么多乌龟，他们都比
wǒ pǎo de màn wǒ bǐ tā men dōu pǎo de kuài ne
我跑得慢，我比他们都跑得快呢！

tā bǎ zhè huí shì gēn huáng bān mǎ jiào liàn shuō le
他把这回事跟黄斑马教练说了。

huáng bān mǎ jiào liàn tīng le xiào xiao yào tā pǎo yì quān
黄斑马教练听了笑笑，要他跑一圈
kàn kan
看看。

zōng zhū bǐ bi pǎo wán le huáng bān mǎ jiào liàn jiù ràng tā
棕猪比比跑完了，黄斑马教练就让他
huí qu shuō nǐ hái shi bào kǎo bié de xiàng mù ba
回去，说：“你还是报考别的项目吧！”

huáng bān mǎ jiào liàn méi you lù qǔ tā tā xiǎng bù tōng
黄斑马教练没有录取他，他想不通。

因为他想，他跑步是很快的，乌龟就比不过他。

比鸭子跳得高

隔了两天，他去找跳高教练青山羊，他要做跳高运动员。

因为有过这么一回事。那天，他独自到一座离家很远的大山上去玩。眼看着空中飘来了许多乌云，下起了一场暴雨，山洪猛烈地冲泻下来。幸亏他躲进一个岩洞里，才避开了这场灾难。

暴雨停了，山洪过了，他才从洞里出来，赶着回家。

可是前面的路口，被一棵倒下的大树和一大堆岩石堵住了。一边是峭壁，一边

shì shēn yá yě wú fǎ rào guo qu
是深崖，也无法绕过去。

tā kāi shǐ tiào tiào le hǎo jǐ cì yě méi tiào guò qù
他开始跳，跳了好几次，也没跳过去。

yí bù xiǎo xīn tā tiào zài yì gēn shù zhī shang shù zhī
一不小心，他跳在一根树枝上，树枝
yì tán zhèng hǎo bǎ tā pāo dào le yán shí duī shang
一弹，正好把他抛到了岩石堆上。

tā zhèng zài yán shí duī shang zhí chuǎn qì lái le zhī
他正在岩石堆上直喘气，来了只
huā mǔ yā
花母鸭。

huā mǔ yā shì dào shān shang lái zhǎo tā hái zi de hái zi
花母鸭是到山上来找她孩子的，孩子
méi zhǎo zháo lù bèi dǔ zhù le tā yě jí zhe yào huí jiā
没找着，路被堵住了，她也急着要回家。

tā zuān na pá ya dōu bù xíng jiù shì guò bu qù
她钻哪，爬呀，都不行，就是过不去。

zōng zhū bǐ bi zài shàng miàn zhǐ huī tā shuō nǐ tiào
棕猪比比在上面指挥她，说：“你跳
ma nǐ tiào ma huā mǔ yā àn zhe tā de zhǐ huī tiào réng
嘛，你跳嘛！”花母鸭按着他的指挥跳，仍
shì tiào bú guò qù
是跳不过去。

tā hái shi yào huā mǔ yā tiào tā bù tíng de jiào zhe
他还是要花母鸭跳，他不停地叫着：
yù bèi yī èr tiào yù bèi yī
“预备——一、二——跳！预备——一、
èr tiào
二——跳……”

zhè shí lái le yì tóu lǎo huáng lù jiàn zōng zhū bǐ bi
这时，来了一头老黄鹿，见棕猪比比
lǎo shi jiào huā mǔ yā tiào ér huā mǔ yā zǒng shì tiào bú guò qù
老是叫花母鸭跳，而花母鸭总是跳不过去，
jiù chòng zhe zōng zhū bǐ bi shuō nǐ jìng jiào tā tiào jiào tā
就冲着棕猪比比说：“你净叫她跳，叫她
tiào yā zi zěn me néng tiào gāo ne nǐ yīng gāi zhī dao gǎn
跳，鸭子怎么能跳高呢？你应该知道‘赶
yā zi shàng jià zhè jù huà ba yā zi shì shàng bù liǎo jià
鸭子上架’这句话吧！鸭子是上不了架
de yào yā zi shàng jià děi qián lā hòu tuī ya
的，要‘鸭子上架’，得前拉后推呀！”

zōng zhū bǐ bi bú xìn dé yì de shuō wǒ zěn me yí
棕猪比比不信，得意地说：“我怎么一
tiào jiù tiào guo lai le
跳就跳过来了？”

lǎo huáng lù tīng tā de huà hěn bú shùn ěr jiù fěng cì tā
老黄鹿听他的话很不顺耳，就讽刺他
shuō yā zi zěn me bǐ de guò nǐ ne
说：“鸭子怎么比得过你呢？”

lǎo huáng lù shuō zhe bǎ huā mǔ yā yòu tuī yòu lā sòng
老黄鹿说着，把花母鸭又推又拉，送
shang le yán shí duī cái suàn guò qu le zōng zhū bǐ bi bǎ lǎo
上了岩石堆，才算过去了。棕猪比比把老
huáng lù de nà jù huà jì zài xīn li le tā mǎn yì de xiǎng
黄鹿的那句话记在心里了，他满意地想：
wǒ bǐ yā zi tiào de gāo zhè me liǎo bu qǐ yā zi shì jiè
我比鸭子跳得高，这么了不起！鸭子，世界
shang nà me duō yā zi tā men dōu tiào bú guò wǒ ne wǒ bǐ
上那么多鸭子，他们都跳不过我呢，我比

tā men dōu tiào de gāo ne
他们都跳得高呢！

tā jiù bǎ zhè huí shì shuō gěi qīng shān yáng jiào liàn tīng le
他就把这回事说给青山羊教练听了。

qīng shān yáng jiào liàn tīng le xiào xiao yào tā tiào jǐ xià shì shi
青山羊教练听了笑笑，要他跳几下试试。

zōng zhū bǐ bi tiào lái tiào qù tiào bú guò chǎng zi li nà
棕猪比比跳来跳去，跳不过场子里那

ge dī lán jià qīng shān yáng jiào liàn jiù bú kè qi de shuō nǐ
个低栏架。青山羊教练就不客气地说：“你

gǎi bào bié de xiàng mù qù ba
改报别的项目去吧！”

qīng shān yáng jiào liàn yě méi you lù qǔ tā tā hěn bù fú
青山羊教练也没有录取他，他很不服

qì yīn wei tā xiǎng tā tiào de shì hěn gāo de bú shì bǐ yā
气，因为他想，他跳得是很高的，不是比鸭

zi tiào de hái gāo ma
子跳得还高吗？

bǐ qīng tíng yóu de hǎo
比蜻蜓游得好

yòu guò le sān tiān tā xiǎng lái xiǎng qù hái shi zuò
又过了三天，他想来想去，还是做

yóu yǒng yùn dòng yuán hǎo tā yòu qù zhǎo yóu yǒng jiào liàn lǜ wén
游泳运动员好，他又去找游泳教练绿纹

è le
鳄了。

tā xiǎng qi yǒu guo zhè me yì huí shì nà huìr tā hái
他想起有过这么一回事。那会儿他还

xiǎo zhe ne
小着呢！

tā hé huǒ bàn men yì qǐ zài qiǎn shuǐ zhǎo li wán shuǎ tā
他和伙伴们一起在浅水沼里玩耍。他
men xiāng hù pō shuǐ qiǎng zhe fān gǔn bǎ qiǎn shuǐ zhǎo nòng de hěn
们相互泼水，抢着翻滚，把浅水沼弄得很
hún zhuó
浑浊。

wán lèi le jiù tǎng zhe pào zài ní jiāng li xiū xi
玩累了，就躺着泡在泥浆里休息。

tā hū rán kàn jiàn qiǎn shuǐ zhǎo shàng kōng yǒu zhī qīng tíng zài
他忽然看见浅水沼上空，有只蜻蜓在
fēi lái fēi qù fēi shàng fēi xià hǎo xiàng yào pū dào shuǐ li qù
飞来飞去，飞上飞下，好像要扑到水里去
yóu yǒng dàn wěi ba gāng yí pèng dào shuǐ jiù hài pà de yòu fēi
游泳，但尾巴刚一碰到水，就害怕得又飞
qi lai le tā bù míng bai nà qīng tíng shì xiǎng gàn shén me
起来了。他不明白，那蜻蜓是想干什么。

yí gè bǐ tā dǒng shì de huǒ bàn gào su tā shuō nà jiù
一个比他懂事的伙伴告诉他说：“那就
jiào qīng tíng diǎn shuǐ ne
叫‘蜻蜓点水’呢！”

tā méi tīng wán jiù dà shēng jiào le qǐ lái qīng tíng
他没听完，就大声叫了起来：“‘蜻蜓
diǎn shuǐ zhī dao le zhī dao le qīng tíng xiǎng xià shuǐ qù yóu
点水’，知道了，知道了，蜻蜓想下水去游
yǒng kě shì tā hái bú huì
泳，可是他还不会！”

zhè huà ràng qīng tíng tīng jiàn le qīng tíng xiǎng wǒ men
这话让蜻蜓听见了。蜻蜓想：我们

qīng tíng diǎn shuǐ shì zài shuǐ li chǎn luǎn nǎ shì yào xià shuǐ
“蜻蜓点水”，是在水里产卵，哪是要下水

yóu yǒng hú shuō bā dào tā jiù shēng qì de fēi guo qu duì
游泳！胡说八道！他就生气地飞过去，对

zhe zōng zhū bǐ bi yǐ cháo fěng de kǒu qì shuō yóu yǒng zhǐ
着棕猪比比以嘲讽的口气，说：“游泳，只

yǒu nǐ yóu de hǎo wa wǒ men qīng tíng nǎ bǐ de shàng nǐ ne
有你游得好哇，我们蜻蜓哪比得上你呢！”

tā yì tīng zhēn shì gāo xìng jí le tā xiǎng yóu yǒng
他一听真是高兴极了，他想：游泳，

qīng tíng bǐ bú guò wǒ zhè me liǎo bu qǐ qīng tíng shì jiè
蜻蜓比不过我。这么了不起！蜻蜓，世界

shang nà me duō qīng tíng tā men dōu bǐ bú guò wǒ ne wǒ bǐ
上那么多蜻蜓，他们都比不过我呢，我比

tā men dōu yóu de hǎo ne
他们都游得好呢！

tā bǎ zhè huí shì gēn lǜ wén è jiào liàn
他把这回事跟绿纹鳄教练

shuō le
说了。

lǜ wén è jiào liàn tīng le xiào xiao méi ràng tā dào chí zi
绿纹鳄教练听了笑笑，没让他到池子
li shì yóu jiù shuō zán men dòng wù tǐ yù guǎn bù xiǎng shōu
里试游，就说：“咱们动物体育馆，不想收
nǐ le nǐ hái shi qù zuò bié de shì ba
你了，你还是去做别的事吧！”

lǜ wén è jiào liàn huí jué le tā yóu yǒng yùn dòng yuán yě
绿纹鳄教练回绝了他，游泳运动员也
zuò bù chéng le tā hěn shēng qì yīn wei tā xiǎng tā yóu yǒng
做不成了。他很生气，因为他想，他游泳
shì bú cuò de qīng tíng dōu bǐ bú guò tā ya
是不错的，蜻蜓都比不过他呀！

bǐ cāng ying ài qīng jié
比苍蝇爱清洁

tā cóng dòng wù tǐ yù guǎn chū lai màn wú mù dì de yán
他从动物体育馆出来，漫无目的地沿
zhe yì tiáo hú dī zǒu zhe bú zuò gē chàng jiā bú zuò yùn dòng
着一条湖堤走着。不做歌唱家，不做运动
yuán gāi zuò shén me hǎo ne tā bù zhī dao
员，该做什么好呢？他不知道。

hú biān yǒu yì jiā fàn diàn tā cóng páng biān zǒu guo suí
湖边有一家饭店，他从旁边走过，随
yì wǎng chuāng kǒu li yì wàng zhǐ jiàn lǐ miàn zhèng shì fàn diàn de
意往窗口里一望。只见里面正是饭店的
chú fáng piāo chu lai yì gǔ pū bí de xiāng wèi nà xiē pàng dūn
厨房，飘出来一股扑鼻的香味。那些胖墩
dūn de chú zi men zhèng zài shāo cài
墩的厨子们正在烧菜。

tā xiǎng zuò fàn diàn de chú zi bú suàn shén me jiā dào
他想，做饭店的厨子，不算什么家，倒
yě shì gè hěn shí huì de měi chāi ne zuò chú zi yào chī shén me
也是个很实惠的美差呢！做厨子，要吃什么
jiù yǒu shén me tǐng fāng biàn de jiù qù zuò gè chú zi ba
就有什么，挺方便的，就去做个厨子吧！

tā dài zhe jǐ fēn wěi qu zǒu jin le fàn diàn zhǎo dào
他带着几分委屈，走进了饭店，找到
fàn diàn de jīng lǐ dà xióng māo tā shuō wǒ xiǎng tōng le dào
饭店的经理大熊猫。他说：“我想通了，到
nǐ men fàn diàn lái dāng yì míng chú zi ba
你们饭店来当一名厨子吧！”

dà xióng māo jīng lǐ dǎ liang le tā nà ge mú yàng jiù
大熊猫经理打量了他那个模样，就
shuō wǒ men zhè yì háng hěn zhù zhòng de yì tiáo jiù shì
说：“我们这一行，很注重的一条，就是
yào qīng jié yào shi bù qīng jié gù kè shì bú yuàn yì guāng
要清洁。要是不清洁，顾客是不愿意光
lín de
临的！”

zōng zhū bǐ bi diǎn zhe tóu dé yì yáng yáng de shuō wǒ
棕猪比比点着头，得意扬扬地说：“我
shì zuì ài qīng jié de dà xióng māo jīng lǐ xiào le qǐ lái
是最爱清洁的！”大熊猫经理笑了起来，
shuō nǐ ài qīng jié kě nǐ shēn shang gān jìng ma wǒ men zhè
说：“你爱清洁，可你身上干净吗？我们这
li yǒu shéi xiàng nǐ zhè yàng ne nǐ shuō
里有谁像你这样呢？你说！”

zōng zhū bǐ bi yí kàn chú fáng li zhèng zài gōng zuò de bái
棕猪比比一看，厨房里正在工作的白

tù huī tù hēi māo tā men dōu chuān zhe xuě bái de gōng zuò
兔、灰兔、黑猫他们，都穿着雪白的工作
fú dài zhe xuě bái de kǒu zhào
服，戴着雪白的口罩。

zhè shí cóng mén wài fēi jin lai yì zhī cāng ying huī tù
这时，从门外飞进来一只苍蝇，灰兔
ná gè yíng pāi yí xià zi jiù bǎ cāng ying dǎ sǐ le
拿个蝇拍，一下子就把苍蝇打死了。

dà xióng māo jīng lǐ tì tā huí dá nǐ ài qīng jié nǐ
大熊猫经理替他回答：“你爱清洁，你
dào shì bǐ cāng ying ài qīng jié zōng zhū bǐ bi yì tīng gāo xìng
倒是比苍蝇爱清洁！”棕猪比比一听，高兴
de lián lián shuō duì nǐ shuō de yì diǎnr bú cuò wǒ shì
得连连说：“对，你说得一点儿不错，我是
bǐ cāng ying ài qīng jié shì bǐ cāng ying ài qīng jié
比苍蝇爱清洁，是比苍蝇爱清洁！”

dà xióng māo jīng lǐ bǎ liǎn yì chén xià le zhú kè lìng
大熊猫经理把脸一沉，下了逐客令：
nǐ bù rú shuō nǐ bǐ zhāng láng ài qīng jié ne wǒ men zhè
“你不如说，你比蟑螂爱清洁呢！我们这
li bù xū yào nǐ qǐng nǐ xiàn zài lí kāi ba
里不需要你，请你现在离开吧！”

zōng zhū bǐ bi bèi dà xióng māo jīng lǐ gǎn chu lai le tā
棕猪比比被大熊猫经理赶出来了，他
bù míng bai dà xióng māo jīng lǐ wèi shén me bú yào tā zuò gè
不明白大熊猫经理为什么不要他。做个
shāo cài de chú zi ma yǒu shén me liǎo bu qǐ tā gèng bù míng
烧菜的厨子嘛，有什么了不起！他更不明
bai tā bǐ cāng ying ài qīng jié yòu yǒu shén me bù hǎo
白，他比苍蝇爱清洁，又有什么不好。

tā bìng méi you yì diǎnr bù yú kuài tā xiǎng wǒ shì bǐ
他并没有一点儿不愉快，他想：我是比

cāng ying ài qīng jié zhè me liǎo bu qǐ cāng ying shì jiè shang nà me
苍蝇爱清洁，这么了不起！苍蝇，世界上那么

duō de cāng ying tā men dōu bǐ wǒ zāng ne wǒ bǐ tā men dōu yào ài
多的苍蝇，他们都比我脏呢，我比他们都要爱

qīng jié ne
清洁呢！

bǐ ma kě yǐ bǐ ma
比嘛，可以比嘛

tā yī rán tái zhe tóu màn màn de yán zhe hú biān zǒu qu
他依然抬着头，慢慢地沿着湖边走去，

yì biān zǒu yì biān xiǎng tā xiǎng bǐ ma bǐ ma kě yǐ
一边走，一边想。他想：比嘛，比嘛，可以

bǐ ma wǒ chàng gē shì bǐ wū yā chàng de hǎo tīng ma wǒ
比嘛！我唱歌是比乌鸦唱得好听嘛！我

pǎo bù shì bǐ wū guī pǎo de kuài ma wǒ tiào gāo shì bǐ yā zi
跑步是比乌龟跑得快嘛！我跳高是比鸭子

tiào de gāo ma wǒ yóu yǒng shì bǐ qīng tíng yào yóu de hǎo ma
跳得高嘛！我游泳是比蜻蜓要游得好嘛！

wǒ shì bǐ cāng ying ài qīng jié ma
我是比苍蝇爱清洁嘛！

tā yí bù xiǎo xīn bàn dào yí kuài shí tou yí gè liè
他一不小心，绊到一块石头，一个趔

qie diào jin le hú li hú shuǐ fàn qi le yí zhèn lián yī bǎ
趄掉进了湖里。湖水泛起了一阵涟漪，把

tā dàng yàng dào lí àn hěn yuǎn de dì fang zhè shí hou tiān sè yǐ
他荡漾到离岸很远的地方。这时候天色已

wǎn hú biān hěn shì qīng jìng
晚，湖边很是清静。

yě xǔ zhèng yīn wei tā de shuǐ xìng bǐ qīng tíng hǎo hái méi
也许正因为他的水性比蜻蜓好，还没
you chén dào shuǐ dǐ qù
有沉到水底去。

kě tā zěn me zhēng zhá yě yóu bú dào hú biān lái
可他怎么挣扎，也游不到湖边来。

yīn wei méi you fēng hú shuǐ yòu shì bù liú dòng de bù
因为没有风，湖水又是不流动的，不
néng sòng tā shàng àn àn shang dà xióng māo jīng lǐ zhèng kāi zhe
能送他上岸。岸上，大熊猫经理正开着
yí liàng qì chē jīng guò
一辆汽车经过。

tā bù hǎo yì si xiàng dà xióng māo jīng lǐ qiú jiù zhǐ shì
他不好意思向大熊猫经理求救，只是
shuō ǹg wǒ zài yóu yǒng wǒ zài yóu yǒng
说：“嗯，我在游泳，我在游泳……”

dà xióng māo jīng lǐ jiàn le hái zhāi xia mào zi xiàng tā zhì
大熊猫经理见了，还摘下帽子向他致
yì ne yīn wei dà xióng māo jīng lǐ yǐ wéi tā de quàn gào qǐ le
意呢！因为大熊猫经理以为他的劝告起了
zuò yòng zōng zhū bǐ bi zhī dao zì jǐ tài zāng qù hú shuǐ li
作用。棕猪比比知道自己太脏，去湖水里
xǐ xi gān jìng
洗洗干净。

tiān hēi le zōng zhū bǐ bi zài hú li fā jí le dà
天黑了，棕猪比比在湖里发急了，大
shēng de hū jiào kuài lái kuài lái kuài lái
声地呼叫：“快来……快来……快来……”

tā měi hū jiào yì shēng biàn yào chén dào shuǐ xià qù hē
他每呼叫一声，便要沉到水下去喝
jǐ kǒu shuǐ
几口水。

kě àn shang kōng kōng dàng dàng de shéi dōu huí jiā qù chī
可岸上空空荡荡的，谁都回家去吃
wǎn fàn le jiù shì yǒu shéi zǒu guo yě tīng bú jiàn tā duàn duàn
晚饭了。就是有谁走过，也听不见他断断
xù xù de qiú jiù shēng
续续的求救声。

zōng zhū bǐ bi yǐ jīng hē bǎo le shuǐ bù néng zài hǎn jiào
棕猪比比已经喝饱了水，不能再喊叫
le zhǐ néng lǎo lǎo shí shí de zài zhè hú shuǐ li pào zhe guò yè le
了，只能老老实实地在这湖水里泡着过夜了。

dì èr tiān yí dà zǎo qīng tíng fēi guo hú miàn zōng zhū
第二天一大早，蜻蜓飞过湖面，棕猪
bǐ bi gǎn jǐn qǐng qiú qīng tíng dā jiù
比比赶紧请求蜻蜓搭救。

qīng tíng qù bǎ wū guī hé yā zi qǐng lai tā liǎ tuī tuī
蜻蜓去把乌龟和鸭子请来，他俩推推
lā lā zǒng suàn bǎ zōng zhū bǐ bi nòng dào le àn shang
拉拉，总算把棕猪比比弄到了岸上。

tā zài shuǐ li jìn le yì zhěng yè hē le bù shǎo shuǐ
他在水里浸了一整夜，喝了不少水。
tā cóng jìng zi bān de hú miàn shang kàn dào zì jǐ de shēn yǐng tā
他从镜子般的湖面上看到自己的身影：他
pàng le jué duì yào bǐ hú sūn pàng duō le
胖了，绝对要比猢狲胖多了。

tā yě méi you xiè xie qīng tíng wū guī yā zi dú zì
他也没有谢谢蜻蜓、乌龟、鸭子，独自

走了。

他摇摇摆摆、大模大样、挺胸凸肚、昂首阔步地走着。

他一边走，一边欣赏那映在湖水里的自己的身影。因为他们猪类，向来以肥胖为体面。他成了大胖子，觉得很光彩。他得意地大声唱了起来：

“我是一个大胖子，棕猪比比我名字。走路挺着大肚皮，猢狲哪敢跟我比。我爱登台唱个歌，乌鸦唱得不及我。跑起步来真正快，乌龟不敢跟我赛。我比鸭子跳得高，蜻蜓游水没我好。我最干净爱卫生，比过所有苍蝇们。”

他一边走着，一边大声唱着。迎面走来的动物们，都在笑他；后面走来的动

wù men yě dōu zài xiào tā
物们，也都在笑他。

tā yǐ wéi qián qián hòu hòu de dà huǒr dōu zài zàn měi
他以为，前前后后的大伙儿都在赞美

tā ne
他呢！

bǐ gēn shéi qù bǐ ne
比，跟谁去比呢

zōng zhū bǐ bi yí shì wú chéng huí dào jiā li
棕猪比比一事无成，回到家里。

tā hài le yì cháng dà bìng tā mā ma gēn tā shuō
他害了一场大病。他妈妈跟他说：

hái zi nǐ jìng shì bǐ ya bǐ ya bǐ ya
“孩子，你净是比呀，比呀，比呀……”

zōng zhū bǐ bi dǎ duàn mā ma de huà tòng kǔ de shuō
棕猪比比打断妈妈的话，痛苦地说：

mā ma bǐ nán dào bù hǎo ma
“妈妈，比难道不好吗？”

tā mā ma gěi tā zhǐ chu lai bǐ shì hǎo de kě shì
他妈妈给他指出来：“比是好的，可是

děi kàn nǐ gēn shéi qù bǐ nǐ jìn zhǎo chà de bǐ zhǎo tā men
得看你跟谁去比。你尽找差的比，找他们

de duǎn chù bǐ nà zěn me xíng ne
的短处比，那怎么行呢？”

xiǎo péng yǒu bǐ dà yǒu xué wen ne
小朋友，比，大有学问呢！

bǐ bié ren de ruò diǎn nà shì qī bǐ bié ren de
比别人的弱点，那是“欺”；比别人的

cháng chù cái jiào bǐ
长处，才叫“比”。

zài wǒ men hái zi de zì diǎn li bǐ zì de dìng
在我们孩子的字典里，“比”字的定

yì yīng gāi wéi xiàng zuì qiáng zhě tiǎo zhàn
义，应该为：向最强者挑战！

阅读指导

贪玩的强勇在妈妈上班后，溜出去玩。正午时分，伙伴们一个个都回家吃饭了，他才慢吞吞地回到家里。姥姥发现他的额头和手都烫烫的，便打电话联系强勇的妈妈，让妈妈带他去医院看病。这可吓坏了强勇，他是最怕去医院看病的，尤其怕打针，这可怎么办呀？

qí guài de yī shēng

奇怪的医生

mā ma qù shàng bān le dà gài hái méi you tiào shang gōng
妈妈去上班了，大概还没有跳上公
gòng qì chē qiáng yǒng yǐ jīng qián hòu jiǎor liū chū mén qu
共汽车，强勇已经前后脚儿溜出门去，
gēn yuàn zi li nà xiē hái zi men pá shù zhuō zhī liǎo fān shí duī
跟院子里那些孩子们爬树捉知了，翻石堆
zhuā xī shuài tài yang shài de tā mǎn shēn dà hàn tā suǒ xìng
抓蟋蟀。太阳晒得他满身大汗，他索性
tuō de zhǐ shèng tiáo duǎn kù chǎr chì bó guāng jiǎo zài yuàn
脱得只剩条短裤衩儿，赤膊光脚，在院
zi li zuān lái zuān qù bēn dōng bēn xī tóu fa shang zhān mǎn
子里钻来钻去，奔东奔西。头发上粘满
le zhī zhū sī hé suì yè piàn liǎn dànr shang hēi yì lǚ bái
了蜘蛛丝和碎叶片，脸蛋儿上黑一缕白
yì lǚ de
一缕的。

qiáng yǒng zhè hái zi qiáo tā gè tóur yě zhǎng de tǐng gāo
强勇这孩子，瞧他个头儿也长得挺高
de kě tā gàn chu de shìr què jìng xiàng xiǎo wá wa yí yàng
的，可他干出的事儿却净像小娃娃一样。

lǎo lao zài jiā mén kǒu dōng zhāng xī wàng hǎn tā hǎo jǐ
姥姥在家门口东张西望，喊他好几

huí tā yīng yě méi yīng yì shēng
回，他应也没应一声。

tā mā ma zhōng wǔ shì bù huí jiā de yīn cǐ tā yì zhí
他妈妈中午是不回家的，因此他一直

wán dào zhèng wǔ hái zi men yí gè gè dōu huí jiā chī fàn le
玩到正午，孩子们一个个都回家吃饭了，

tā cái màn man tūn tūn de huí dào wū zi li
他才慢慢吞吞地回到屋子里。

lǎo lao yào tā xiān xǐ gè liǎn cā gè shēn tā bù tīng
姥姥要他先洗个脸擦个身，他不听，

jiù zài cān zhuō páng zuò xia bù xiǎng dòng lǎo lao méi bàn fǎ
就在餐桌旁坐下，不想动。姥姥没办法，

zhǐ dé yǎo lai pén shuǐ jiǎo bǎ
只得舀来盆水，绞把

máo jīn bāng tā mā liǎn cā shēn
毛巾，帮他抹脸擦身。

lǎo lao yí pèng
姥姥一碰

shang qiáng yǒng de shǒu jiù
上强勇的手，就

fā jué tā de shǒu hěn
发觉他的手很

tàng yòu mō mo tā
烫，又摸摸他

的额头，说：“你发烧了，还在外边玩！这孩子……”

他听姥姥这么一说，也的确感到不舒服了：头有些晕，胸口有些闷，脊背有些酸，好像很困，想睡觉。但是不行，他已经和大家约好，下午去海滩拾贝壳。如果他一说不舒服，姥姥还会让他去吗？他只得装出一副乐呵呵的样子，说：“我没有病，是太阳晒热了！”

不争气的是他的肚皮，怎么一点儿也不饿？嘴巴好像也跟他作对，猪肉、鸡蛋，硬是吃不下。他只扒拉了小半碗饭，就撂下筷子不吃了。

姥姥心里有数，也没有要他再吃，收拾了碗筷，就叫他去洗洗干净，到床上

tǎng xia
躺下。

nǐ hǎo hǎo shuì zhe wǒ qù gěi nǐ mā ma dǎ diàn huà
“你好好睡着，我去给你妈妈打电话，
ràng tā péi nǐ qù yī yuàn kàn bìng lǎo lao shuō le yí jù bǎ
让她陪你去医院看病！”姥姥说了一句，把
chuāng lián dōu lā shang biàn chū qu le
窗帘都拉上，便出去了。

zhè zěn me xíng ne bú dàn hǎi tān qù bù chéng le ér
这怎么行呢？不但海滩去不成了，而
qiě mā ma yì huí lai yí dìng huì dài zhe tā shàng yī yuàn de
且妈妈一回来，一定会带着他上医院的。
tā zuì pà qù yī yuàn kàn bìng tè bié pà dǎ zhēn tā kàn jiàn
他最怕去医院看病，特别怕打针。他看见
zhēn tǒng hún shēn pí fū jiù bēng jǐn de xiàng yí miàn gǔ jī hū
针筒，浑身皮肤就绷紧得像一面鼓，几乎
néng qiāo de chū shēng xiǎng lai
能敲得出声响来。

tā ya cóng xiǎo jiù shì zhè yàng yì shēng bìng jiù xiān
他呀，从小就是这样，一生病，就先
kū nào zhe yào mā ma dā ying wǒ méi you bìng bú yào kàn
哭闹着，要妈妈答应：“我没有病，不要看
yī shēng wǒ méi you bìng bú yào kàn yī shēng
医生！我没有病，不要看医生……”

tā mā ma duì tā zhè ge dú shēng zǐ bié de shìr
他妈妈对他这个独生子，别的事儿
zǒng shì bǎi yī bǎi shùn kě shēng bìng yào kàn yī shēng bàn diǎnr
总是百依百顺，可生病要看医生，半点
yě bù yī tā jǐn guǎn tā kū nào tā mā ma hái shi jǐn
儿也不依他。尽管他哭闹，她妈妈还是紧

jǐn de bào zhe tā qù yī yuàn yī shēng tīng xiōng kǒu mō dù
紧地抱着他去医院。医生听胸口，摸肚
pí tā yòu diān yòu tī mā ma jǐn jǐn de àn zhe tā bú
皮，他又颠又踢，妈妈紧紧地按着他，不
ràng tā dòng tan
让他动弹。

měi huí kàn bìng yī shēng zǒng shì shuō zhè me dà de
每回看病，医生总是说：“这么大的
hái zi kàn bìng hái kū nào zhēn bú xiàng huà
孩子，看病还哭闹，真不像话！”

yǒu yì huí yǒu gè yī shēng hái shuō zhè hái zi míng
有一回，有个医生还说：“这孩子名
jiào qiáng yǒng kě yì diǎnr yě bù jiān qiáng yǒng gǎn
叫强勇，可一点儿也不坚强勇敢。”

qiáng yǒng de xiǎng fa què xiāng fǎn tā cháng cháng gēn xiǎo huǒ
强勇的想法却相反，他常常跟小伙
bàn zhè yàng shuō wǒ zuì jiān qiáng dǐng yǒng gǎn wǒ cóng bù shēng
伴这样说：“我最坚强顶勇敢，我从不生
bìng jiù shì shēng bìng yě bú kàn yī shēng
病，就是生病也不看医生。”

tā hái cháo xiào guo nà xiē shēng le bìng guāi guāi de gēn bà
他还嘲笑过那些生了病，乖乖地跟爸
ba mā ma qù yī yuàn kàn bìng de nǚ hái zi
爸妈妈去医院看病的女孩子。

zhè huí zěn me bàn ne lǎo lao qù gěi mā ma dǎ diàn
这回怎么办呢？姥姥去给妈妈打电
huà mā ma jiē dào diàn huà qǐng hǎo jià bàn gè xiǎo shí jiù dào
话，妈妈接到电话，请好假，半个小时就到
jiā le
家了。

强勇心想，一定要坚强勇敢，决不能跟妈妈去医院。三十六计，走为上计。趁姥姥还没有回来，先溜了吧！

他跳下床，套上鞋，去开门。是自己生病没力气了吗？门怎么也开不开。啊——原来姥姥早就防备他这一招儿。因为他逃跑过很多回了，姥姥摸得着他的心思，所以一出去就把门锁上了。这门装的是三保险锁，外边钥匙多转一圈，从里面就开不开了。

爬窗也不行啊！低楼层房子的窗户，都钉着铁护栏。出不去！

现在，这屋子成了监狱了。他有点儿泄气，一屁股坐在沙发上，双手抓着自己的头发。

tā de tóu dí què yǒu xiē yūn tā xiǎng nà shì yīn wei
他的头的确有些晕，他想，那是因为
zhōng wǔ méi chī duō shao dōng xi kě tā sī háo bù jué de è
中午没吃多少东西。可他丝毫不觉得饿
ya xīng xǔ zhēn yǒu shén me bìng le ba tā xiǎng dào mā ma yì
呀，兴许真有什么病了吧！他想到妈妈一
huí lai jiù yào dài tā qù yī yuàn kàn yī shēng dǎ zhēn tā hěn
回来就要带他去医院，看医生、打针，他很
zháo jí jiù zì yán zì yǔ qi lai wǒ méi you bìng wǒ méi
着急，就自言自语起来：“我没有病！我没
you bìng
有病……”

xī xī xī
“嘻，嘻，嘻！”

hū rán tā ěr duo biān chuán lai yí zhèn qīng wēi de
忽然，他耳朵边传来一阵轻微的
shēng yīn
声音。

tā huí guo tóu yí kàn méi you rén tā xiǎng nán dào
他回过头一看，没有人。他想：难道
wǒ zhēn yǒu bìng le ěr míng le tā yòu zháo jí de hǎn jiào qi
我真有病了，耳鸣了？他又着急地喊叫起
lai wǒ méi you bìng wǒ méi you bìng
来：“我没有病！我没有病……”

xī xī xī
“嘻，嘻，嘻！”

ěr duo biān shang yòu xiǎng qi le zhè yàng de shēng yīn
耳朵边上又响起了这样的声音。

tā yòu huí tóu yí kàn zhǐ jiàn yí gè xiǎo hēi diǎnr zài
他又回头一看，只见一个小黑点儿在

tā bèi hòu de qiángshang yí dòng tā xiǎng shì bú shì zì jǐ zhēn
他背后的墙上移动。他想，是不是自己真
yǒu bìng yǎn jing yě fā huā le tā gèng zháo jí le dà shēng
有病，眼睛也发花了？他更着急了，大声
hǎn dào wǒ méi you bìng wǒ méi you bìng
喊道：“我没有病！我没有病……”

xī xī xī
“嘻，嘻，嘻！”

nà xiǎo hēi diǎnr jìng rán fēi dào tā miàn qián lái la
那小黑点儿竟然飞到他面前来啦！
qiángyǒng róu le róu yǎn jing wèn nǐ shì shén me
强勇揉了揉眼睛，问：“你是什么？”

nà xiǎo hēi diǎnr zài tā miàn qián shàng shàng xià xià fēi
那小黑点儿在他面前上上下下飞
zhe dǎ liang tā shuō nǐ jiào qiángyǒng ba wǒ shì wén zi
着，打量他，说：“你叫强勇吧？我是蚊子
yī shēng nǐ yǒu bìng
医生。你有病！”

qiáng yǒng yí kàn shì zhī wén zi tā xiǎng zhè huìr
强勇一看，是只蚊子。他想，这会儿
tā zhèng dǎo méi zhe bù zhī
他正倒霉着，不知
gāi zěn me bàn hēi zhè zhī
该怎么办，嘿，这只
xiǎo wén zi hái lái cháo fěng
小蚊子还来嘲讽

tā shuō zì jǐ shì yī shēng yě shuō tā yǒu bìng tā hǎn qi
他，说自己是医生，也说他有病！他喊起

lai wǒ méi you bìng nǐ gěi wǒ zǒu kai zài luō suo wǒ
来：“我没有病，你给我走开！再啰唆，我

jiù dǎ sǐ nǐ
就打死你！”

shuō zhe tā suí shǒu ná qi yì bǎ shàn zi qù dǎ wén zi
说着，他随手拿起一把扇子去打蚊子。

nǐ gǎn wǒ zǒu hǎo wǒ zǒu qiáng yǒng wǒ men hòu
“你赶我走，好，我走！强勇，我们后

huì yǒu qī wǒ bù shēng nǐ de qì wǒ men yī shēng shì bù shēng
会有期！我不生你的气，我们医生是不生

qì de
气的！”

zhè wén zi yòng chì bǎng zuò le gè biǎo shì zài jiàn de
这蚊子用翅膀做了个表示“再见”的

dòng zuò yòu zài wū zi li pán xuán le yí quān xī xī xī
动作，又在屋子里盘旋了一圈，“嘻嘻嘻”

de cóng chuāng kǒu fēi chu qu le
地从窗口飞出去了。

qiáng yǒng bǎ wén zi gǎn zǒu le tā shū le yì kǒu qì
强勇把蚊子赶走了，他舒了一口气。

kě shì lǎo lao dǎ guo diàn huà huí lai le tā zhèng zài yuàn zi
可是姥姥打过电话回来了，她正在院子

mén kǒu gēn lìng wài yí gè hái zi de nǎi nai shuō huà ne tā
门口跟另外一个孩子的奶奶说话呢。她

shuō wǒ jiā qiáng yǒng fā shāo le gào su nǐ jiā hái zi
说：“我家强勇发烧了。告诉你家孩子，

bié qù zhǎo tā wán la xià wǔ tā mā ma yào dài tā qù yī
别去找他玩啦。下午他妈妈要带他去医

院……”

强勇听得清清楚楚，急得在屋子里团团转。上天无路，入地无门哪！怎么办呢？他想，要是能变得像蚊子那样小就好了，就可以从这窗口出去啦！

奇怪的事立刻发生了。他一点点缩小了，缩得像蚊子那么小了。人一变小，窗口那么高，他还是出不去，他怎么爬也爬不上去啊！

他又想：我为什么不像蚊子那样长一对翅膀呢？果然，他的背上长出一对透明的翅膀来了。

他一拍翅膀，飞起来了。他也像刚才那只蚊子那样，在屋子里盘旋了一圈，飞出窗口，往院子里飞去。

hē tā fēi guo tā lǎo lao shēn biān lǎo lao bàn diǎnr
嗬，他飞过他姥姥身边，姥姥半点儿
yě bù zhī dao zhēn yǒu qù
也不知道。真有趣！

tā xiàng lǎo lao shuō le shēng zài jiàn shēng yīn hěn qīng
他向姥姥说了声“再见”，声音很轻
wēi zì rán lǎo lao yě méi you tīng jiàn
微，自然姥姥也没有听见。

tā jué dìng xiān dú zì dào hǎi tān shang qù tā xiàng zhe
他决定先独自到海滩上去。他向着
hǎi tān de fāng xiàng xùn sù de fēi zhe tā méi you yán wān lái
海滩的方向，迅速地飞着。他没有沿弯来
wān qù de mǎ lù fēi tā zài kōng zhōng cháo zhe hǎi biān de dà tiě
弯去的马路飞，他在空中朝着海边的大铁
tǎ bǐ zhí de fēi qu
塔，笔直地飞去。

qián miàn shì shù mù tā shēng de bǐ shù mù hái gāo fēi
前面是树木，他升得比树木还高，飞
guo qu qián miàn shì dà lóu tā shēng de bǐ dà lóu hái gāo
过去；前面是大楼，他升得比大楼还高，
fēi guo qu
飞过去。

dà lù guò qu le xiǎo xiàng guò qu le xǔ duō xǔ duō
大路过去了，小巷过去了，许多许多
fáng zi guò qu le tā zhí shàng zhí xià bù tíng de fēi
房子过去了……他直上直下，不停地飞，
tā gǎn dào yǒu diǎnr zhī chēng bú zhù le tā duì zì jǐ shuō yào
他感到有点儿支撑不住了。他对自己说要
jiān qiáng yào yǒng gǎn réng jiù xiàng qián fēi zhe
坚强要勇敢，仍旧向前飞着。

tā kāi shǐ yǒu diǎnr xuàn yùn shēn zi yě diān bǒ qi
他开始有点儿眩晕，身子也颠簸起
lai kě tā hái shi xiàng qián fēi zhe
来，可他还是向前飞着。

tū rán tā yǎn qián yí xià biàn de hūn àn hǎo xiàng sì
突然，他眼前一下变得昏暗，好像四
zhōu de jǐng wù dōu zài yáo huang tā shī qù le kòng zhì yì tóu
周的景物都在摇晃。他失去了控制，一头
cháo yì gēn shuǐ ní diàn xiàn gān zhuàng qu
朝一根水泥电线杆撞去。

zāo gāo tā de chì bǎng zhé duàn le tā xiàng dì miàn zāi
糟糕！他的翅膀折断了，他向地面栽
qu
去……

āi tā méi you hǎn wán yǐ jīng hūn jué guo
“哎……”他没有喊完，已经昏厥过
qu le
去了。

děng tā qīng xǐng guo lai tā fā xiàn zì jǐ tǎng zài yí gè
等他清醒过来，他发现自己躺在一个
mò shēng de dì fang
陌生的地方。

zhè li shí fēn hēi àn shì yè wǎn le ma bù wài
这里十分黑暗。是夜晚了吗？不，外
miàn tòu jin lai yí dào dào yáng guāng bú shì wǎn shang a
面透进来一道道阳光，不是晚上啊！

zhè shì shén me dì fang ne
这是什么地方呢？

xī xī xī tā tīng dào yí zhèn shú xi de shēng
“嘻，嘻，嘻！”他听到一阵熟悉的声

yīn bú guò
音。不过，

zhè huí tīng dào de shēng
这回听到的声

yīn hěn xiǎng bú xiàng tā
音很响，不像他

yǐ qián tīng dào de nà yàng
以前听到的那样

qīng wēi
轻微。

qiáng yǒng wǒ men yòu jiàn
“强勇，我们又见

miàn le
面了！”

tā xiǎng qi lai le zhè jiù shì nà
他想起来了，这就是那

zhī zì chēng shì yī shēng de wén zi de shēng yīn a
只自称是“医生”的蚊子的声音啊！

bú cuò shì tā
不错，是他！

tā jiè wài lái de guāng xiàn yí kàn à tā miàn qián zhàn
他借外来的光线一看，啊，他面前站

de shì yì zhī hěn dà de wén zi qiáo tā yǒu yí gè rén nà
的是一只很大的蚊子！瞧他，有一个人那

me gāo jiān zuǐr yǒu yí gè rén de gē bo nà me cū hái
么高，尖嘴儿有一个人的胳膊那么粗，还

chuān zhe yí jiàn bái dà guà ne
穿着一件白大褂呢！

guài xià rén de ya qiáng yǒng hěn hài pà shēng yīn dōu
怪吓人的呀！强勇很害怕，声音都

fā dǒu le nǐ zhè me dà
发抖了：“你……这么……大……”

xī xī xī nà wén zi yī shēng xiào le
“嘻，嘻，嘻！”那蚊子医生笑了
qǐ lái shuō dào bú shì wǒ biàn dà le shì nǐ biàn xiǎo
起来，说道：“不是我变大了，是你变小
le bú yào pà wǒ men yī shēng shì bù shēng qì de suī
了。不要怕，我们医生是不生气的。虽
rán nǐ gǎn guo wǒ dàn shì wǒ bù shēng qì wǒ men chéng le
然你赶过我，但是我不生气。我们成了
hǎo péng you bú shì ma nǐ yǒu bìng wǒ men yī yuàn gěi
好朋友，不是吗？你有病，我们医院给
nǐ kàn bìng
你看病！”

qiáng yǒng tīng shuō yào gěi tā kàn bìng yòu hǎn jiào qi lai
强勇听说要给他看病，又喊叫起来：
wǒ méi you bìng wǒ bú qù yī yuàn wǒ méi you bìng wǒ bú
“我没有病，我不去医院！我没有病，我不
qù yī yuàn
去医院……”

wén zi yī shēng yòu xiào zhe shuō nǐ méi you bìng nǐ
蚊子医生又笑着说：“你没有病，你
zěn me huì cóng kōng zhōng diào xia lai ne bié hài pà xiàn zài nǐ
怎么会从空中掉下来呢？别害怕，现在你
jiù zài wǒ men wén zi yī yuàn li wǒ shì zhè yī yuàn li de yī
就在我们蚊子医院里，我是这医院里的医
shēng wǒ gěi nǐ kàn bìng
生，我给你看病……”

qiáng yǒng yì tīng shuō zhè li shì tā men wén zi de yī yuàn
强勇一听说这里是他们蚊子的医院，

wén zi yào gěi tā kàn bìng jí de tiào le qǐ lái gǎn máng shuō

蚊子要给他看病，急得跳了起来，赶忙说：

wǒ shì rén wǒ bú yào zài nǐ men wén zi yī yuàn kàn bìng wǒ

“我是人，我不要在你们蚊子医院看病。我

yào chū qu wǒ yào dào rén de yī yuàn qù

要出去，我要到人的医院去……”

xī xī xī wén zi yī shēng yòu shuō dào rén

“嘻，嘻，嘻！”蚊子医生又说道：“人

de yī yuàn nǐ bú shì pà dào rén de yī yuàn qù kàn bìng cái

的医院？你不是怕到人的医院去看病，才

pǎo chu lai de ma rén de yī yuàn jiù zài wǒ men yī yuàn de gé

跑出来的吗？人的医院就在我们医院的隔

bì zhēn de nǐ xiǎng de méi cuò dào rén de yī yuàn qù

壁。真的，你想的没错，到人的医院去，

nǐ shì shòu bù liǎo de nǐ lái qiáo qiao ba

你是受不了的，你来瞧瞧吧！”

wén zi yī shēng dài qiáng yǒng qù kàn le

蚊子医生带强勇去看了。

tā men lái dào yí gè dì fang zǒu jin yí zuò yuán xíng guǎn

他们来到一个地方，走进一座圆形管

dào yàng de dà bō li fáng zi wén zi yī shēng jiù zhǐ diǎn zhe

道样的大玻璃房子，蚊子医生就指点着

shuō zhè jiù shì rén de yī yuàn dǎ zhēn yòng de zhēn tǒng nà biān

说：“这就是人的医院打针用的针筒，那边

shì zhēn tóu zhēn tǒng liè le zhēn tóu wān le cái bèi diū zài

是针头。针筒裂了，针头弯了，才被丢在

zhè li de yòng zhè zhǒng zhēn tǒng zhēn tóu gěi nǐ dǎ zhēn nǐ

这里的。用这种针筒、针头给你打针，你

xíng ma

行吗？”

强勇看这针筒，要他这么大的十来个人伸开双臂才能抱过来。那针尖像个大锥子，比他身体还粗一倍多呀！他害怕极了，浑身的皮肤绷紧了，上上下下都流出汗来了，呼吸也困难了。他想：让这针扎一下，还不完蛋了吗？

蚊子医生又指指他们医院门口的一块牌子，说：“你瞧瞧，我们蚊子医院怎么样？”

强勇抬头一看，只见这牌子上写着：

蚊子中心医院

中医部设有放血疗法科和针刺疗法科。

西医部设有穴位注射疗法科。

化验室专门抽血化验。

注射室专门注射各种药剂。

běn yī yuàn yī shēng jūn wéi zǔ chuán tiān cái míng yī yī
本医院医生均为祖传天才名医，医
shù gāo míng
术高明。

běn yī yuàn suǒ yòng de zhēn qì zhēn jiān tè xì yī shēng cāo
本医院所用的针器针尖特细，医生操
zuò chún shú bǎo zhèng bú tòng běn yī yuàn de jì shù hé shè bèi
作纯熟，保证不痛。本医院的技术和设备
dōu chāo guò rén lèi yī yuàn
都超过人类医院。

běn yī yuàn tè bié huān yíng yǒu bìng bù kěn qù rén lèi yī yuàn
本医院特别欢迎有病不肯去人类医院
zhì bìng de hái zi běn yī yuàn bù shōu fèi ér qiě kě yǐ shàng mén
治病的孩子。本医院不收费，而且可以上门
fú wù
服务。

wén zi yī shēng yòu lǐng qiáng yǒng qù cān guān tā men zǒu
蚊子医生又领强勇去参观。他们走
jìn yì jiān fáng zi kàn dào yì zhī cāng ying zhèng zài jiē shòu fàng xiě
进一间房子，看到一只苍蝇正在接受放血
liáo fǎ zài zǒu jìn lìng yì jiān fáng zi kàn dào yì zhī lǎo shǔ
疗法；再走进另一间房子，看到一只老鼠
zhèng zài jiē shòu zhēn cì liáo fǎ yòu jìn le yì jiān fáng zi kàn
正在接受针刺疗法；又进了一间房子，看
dào yì zhī zhāng láng zhèng zài chōu xiě zài jìn yì jiān fáng zi kàn
到一只蟑螂正在抽血；再进一间房子，看
dào yì zhī wō niú zhèng zài dǎ zhēn
到一只蜗牛正在打针……

wén zi yī shēng dé yì de shuō wǒ men wén zi yī yuàn
蚊子医生得意地说：“我们蚊子医院，

bǐ nǐ men rén de yī yuàn yào gāo míng duō la
比你们人的医院要高明多啦！”

qiáng yǒng yǒu diǎnr bù fú qì shuō nǐ men wén zi
强勇有点儿不服气，说：“你们蚊子
dōu xué qǐ rén lai le
都学起人来了！”

qiáng yǒng zhè yì shuō bǎ bù shēng qì de wén zi
强勇这一说，把“不生气”的蚊子
yī shēng rě shēng qì le tā zhèn zhèn yǒu cí shén me
医生惹生气了。他振振有词：“什么？
wǒ men wén zi xué nǐ men rén zhè wán quán diān dǎo le nǐ
我们蚊子学你们人？这完全颠倒了！你
men rén zhè fàng xiě liáo fǎ zhēn cì liáo fǎ xué wèi zhù shè
们人，这放血疗法、针刺疗法、穴位注射
liáo fǎ quán shì xiàng wǒ men wén zi xué de zhè xiē liáo fǎ
疗法，全是向我们蚊子学的。这些疗法
de shǒu chuàng zhě shì wǒ men wén zi wǒ men wén zi yì shēng
的首创者，是我们蚊子。我们蚊子一生
xia lai jiù huì zhè xiē nǐ men rén huì ma nǐ men yǒu de rén
下来就会这些。你们人会吗？你们有的人
xué le sān nián wǔ zǎi hái bú xiàng ne wǒ men wén zi shì tiān
学了三年五载，还不像呢！我们蚊子是天
shēng de yī shēng wǒ men wén zi shì yī shēng shì jiā nǐ men
生的医生，我们蚊子是医生世家。你们
rén bú yào liǎn bǎ wǒ men zhè xiē liáo fǎ tōu qu bù xiāng
人，不要脸，把我们这些疗法偷去。不相
xìn nǐ shuō shuo nǐ men rén dǎ zhēn de zhēn tóu shì bú shì
信？你说说，你们人打针的针头，是不是
mó fǎng wǒ men wén zi zuǐ ba de yàng zi zuò de kě xī wǒ
模仿我们蚊子嘴巴的样子做的。可惜，我

们蚊子没有跟你们人签订合同，不然我们还要你们人付给我们蚊子使用专利的费用呢！”

强勇觉得蚊子医生说得有道理，也有点儿相信了。

那蚊子医生还在气愤地发着牢骚，说：“那会儿地球上还没有人，就有我们蚊子了。我们蚊子祖祖辈辈给大家行医治病，还把技术传给你们人，可你们人并不尊重我们、感谢我们，还把我们列入什么‘四害’，要消灭我们。你们真是不知好歹，恩将仇报！我们蚊子个个都是慈善家。你骂过我，你赶过我，可你有病，我还是把你接进我们医院给你看病。就是你不想看，我也非要给你看不可。我们多好哇！你不用

hài pà nǐ qiáo wǒ men wén zi yī shēng shuō huà dōu shì xì shēng
害怕，你瞧，我们蚊子医生说话都是细声
xì qì de nǐ rú guǒ hái hài pà wǒ men yī yuàn yǔn xǔ yí
细气的。你如果还害怕，我们医院允许一
qiè bìng rén dà kū dà jiào hǎo lái dǎ zhēn ba wǒ men yòng
切病人大哭大叫。好，来打针吧，我们用
zuì xì zuì xì de zhēn tóu
最细最细的针头！”

wén zi yī shēng yào gěi qiáng yǒng kàn bìng dǎ zhēn le
蚊子医生要给强勇看病、打针了。
qiáng yǒng jí de dà jiào kě shì tā méi you kū yīn wei tā jué
强勇急得大叫，可是他没有哭，因为他觉
de tā yīng gāi jiān qiáng yǒng gǎn tā jiào dào wǒ bú yào nǐ
得他应该坚强勇敢。他叫道：“我不要你
men wén zi dǎ zhēn wǒ bú yào nǐ men wén zi dǎ zhēn
们蚊子打针，我不要你们蚊子打针！”

wén zi yī shēng jiàn tā yòu biàn guà le wèn wèi
蚊子医生见他又变卦了，问：“为
shén me
什么？”

qiáng yǒng bú kè qi de shuō wǒ men lǎo shī shuō guo wén
强勇不客气地说：“我们老师说过蚊
zi de zuǐ ba li yǒu xì jūn wǒ bú yào nǐ men dǎ zhēn
子的嘴巴里有细菌，我不要你们打针！”

wén zi yī shēng yòu xiàng tā jiě shì shuō xī xī xī
蚊子医生又向他解释说：“嘻嘻嘻，
nà shì nǐ men lǎo shī piàn nǐ de nǐ shuō jiǎ shǐ wǒ men wén
那是你们老师骗你的！你说，假使我们蚊
zi zuǐ ba li yǒu xì jūn wǒ men wén zi bú shì dōu shēng bìng
子嘴巴里有细菌，我们蚊子不是都生病

了？你看，我们个个都很健康呢！”

强勇记起来了，有一次老师拿来了显微镜，让他们看一只死蚊子。他亲眼见过，是有许多许多细菌。他说：“我见过，有！我不要你们打针！”

蚊子医生恼火了，说：“你一定说有，告诉你，如果我们蚊子嘴巴里有细菌，那也是你们人类传给我们的。我们给人类治病打针，是人类带给我们的。有细菌的，是你们人类。你有病，不打针好不了。一定得打，你不肯打，也得打，你等着！”

蚊子医生去准备了，硬要给强勇打针。强勇这一下可坚强勇敢了，转身拔腿就跑。

他跑了一段路，回头一看，这蚊子医

yuàn yuán lái jiù shì yì jiā yī yuàn mén wài bian de yì zhī lā jī
院，原来就是一家医院门外边的一只垃圾
xiāng yí gè gè bìng fáng dōu shì xiē pò làn de kōng guàn tou hé
箱，一个个病房都是些破烂的空罐头盒。

tā yí zhèn ě xin xiǎng tù yīn wei tā méi you chī dōng
他一阵恶心想吐，因为他没有吃东
xi suǒ yǐ tù bù chū shén me lai tā gǎn jǐn pǎo wa
西，所以吐不出什么来。他赶紧跑哇！

yì tīng hòu miàn yòu chuán lai le yí zhèn xī xī xī
一听，后面又传来了一阵“嘻嘻嘻”
de shēng yīn yí dà qún wén zi gǎn lai le
的声音，一大群蚊子赶来了。

wén zi shì fēi de tā de chì bǎng shé duàn le shì yòng
蚊子是飞的。他的翅膀折断了，是用
shuāng jiǎo pǎo de tā biàn de nà me xiǎo tuǐ yòu duǎn pǎo bú
双脚跑的。他变得那么小，腿又短，跑不
kuài mǎ shàng jiù bèi wén zi men zhuī shang le
快，马上就被蚊子们追上了。

nà wén zi yī shēng zài hòu miàn jiào qiáng yǒng nǐ bù
那蚊子医生在后面叫：“强勇，你不
kěn zài wén zi yī yuàn zhì bìng nà yě hǎo wǒ men shàng mén fú
肯在蚊子医院治病，那也好，我们上门服
wù lái la
务来啦！”

tā men gǎn shang qiáng yǒng le wén zi yī shēng men jiāng tā
他们赶上强勇了，蚊子医生们将他
tuán tuán bāo wéi qi lai le
团团包围起来了。

jǐ bǎi zhī jǐ qiān zhī wén zi yì qí yòng tā men de zhēn
几百只几千只蚊子，一齐用他们的针

tǒng jiān jiān de zuǐ ba xiàng qiáng yǒng zhā lai tā dà jiào
筒——尖尖的嘴巴，向强勇扎来。他大叫
qi lai wǒ méi you bìng wǒ bú yào nǐ men kàn bìng wǒ bú
起来：“我没有病，我不要你们看病！我不
yào nǐ men dǎ zhēn
要你们打针……”

tā yòu hǎn jiào yòu huī shǒu yòu tī jiǎo jiù xǐng guo
他又喊叫，又挥手，又踢脚，就醒过
lai le
来了。

yuán lái tā fā shāo le zài shā fā shang shuì zháo le
原来，他发烧了，在沙发上睡着了，
zuò qǐ è mèng lai
做起噩梦来。

tā mā ma yǐ jīng gǎn huí jiā lai le hé lǎo lao dōu zuò
他妈妈已经赶回家来了，和姥姥都坐
zài tā páng biān tā mā ma shuō zhè hái zi zhēn pà kàn yī
在他旁边。他妈妈说：“这孩子，真怕看医
shēng pà dǎ zhēn yǒu bìng zǒng shuō méi you bìng
生，怕打针，有病总说没有病。”

qiáng yǒng xīn li míng bai le lì kè jiē xia qu shuō
强勇心里明白了，立刻接下去说：
mā ma lǎo lao wǒ yǒu bìng bú zài shuō méi you bìng le
“妈妈，姥姥，我有病，不再说没有病了。
wǒ yǒu bìng wǒ yào qù yī yuàn kàn bìng le
我有病，我要去医院看病了！”

mā ma hé lǎo lao gāo xìng de shuō zhè jiù duì le
妈妈和姥姥高兴地说：“这就对了，
yǐ qián nà bú jiào jiān qiáng yǒng gǎn zhè cái zhēn shì jiān qiáng yǒng
以前那不叫坚强勇敢，这才真是坚强勇

gǎn ne
敢呢！”

mā ma fú tā qǐ lai qiáng yǒng shuō mā ma nín dài
妈妈扶他起来。强勇说：“妈妈，您带
wǒ dào yī yuàn qù kàn bìng ba
我到医院去看病吧！”

zhè jiào yǒu bìng jiù shuō yǒu bìng yǒu bìng děi kàn yī shēng
这叫：有病就说有病，有病得看医生。
huì jí jì yī dǐng dǐng bù hǎo dāng xīn wén zi yī shēng shàng mén
讳疾忌医顶顶不好，当心蚊子医生上门。